KB069618

동 양 상 담 학 시 리 즈 19

도산 안창호와 진정성

곽경용 · 박성희 공저

Oriental Counseling Series

학지사

동양상담학 시리즈를 펴내며

　돌이켜 보면 참 오랫동안 한국상담 또는 동양상담에 대한 연구와 논의의 필요성을 느껴 왔다.

　처음 상담계에 입문할 때는 그저 서양에서 들어온 지식을 열심히 섭취하여 상담을 잘하기만 하면 그만이라고 생각했다. 상담의 발상지가 서양이니까 그렇게 하는 게 하나도 이상할 것이 없고, 또 상담계에 종사하는 모든 사람이 그렇게 하니까 아무런 의구심이 들지 않았다. 하지만 시간이 지나면서 조금씩 내가 하는 일에 무엇인가가 빠져 있다는 사실을 눈치채기 시작했다. 서양 사람들에게서 뽑아낸 상담 지식을 한국 사람에게 그대로 적용하는 데 무리가 있다는 점을 알게 된 것이다. 그러니까 그때까지 나는 한국 사람을 서양 사람 대하듯 상담해 왔다. 이런 사실을 알게 되면서 내심 무척 당황하고 부끄러웠다. 한국 사람과 서양 사람이 모든 점에서 똑같다면 몰라도, 그렇지 않다면 맞지 않는 옷을 어색하게 입히려는 우스꽝스러운 짓을 하고 있었던 셈이다.

이때부터 나의 고민은 시작되었다. 어떻게 하면 한국 사람에게 어울리는 상담을 할 수 있을까? 어떻게 하면 한국 사람에게 적합한 상담 지식을 찾아내고 이를 체계적으로 정리할 수 있을까? 어떻게 하면 한국적 문화와 역사와 전통을 반영한 상담 이론을 구성할 수 있을까? 이런 고민 끝에 한국인의 일상생활에 스며 있는 삶에 대한 철학과 사상과 문화적 전통을 뒤져 보자는 생각을 하게 되었다. 그렇게 해서 이 책에 실린 원고들을 하나씩 쓰기 시작하였다. 이때 우연히 이웃나라 일본의 상담학자들도 일찌감치 나와 같은 고민을 하며 일본식 상담을 개발하였다는 사실을 접할 수 있었다. 모리타 상담과 나이칸 상담은 그들의 치열한 문제의식에서 비롯한 일본식 상담론으로서 우리가 한 번쯤 살펴볼 만한 가치가 있다. 이 책의 제목을 한국상담이 아닌 동양상담이라고 붙인 것은 일본식 상담이 포함되었기 때문이기도 하고, 동양사회를 관통하고 있는 유·불·도 삼가의 사상이 주요 주제로 다루어지고 있기 때문이기도 하다.

처음 이 원고를 집필하기 시작할 때는 한 권의 단행본으로 출판하려고 하였다. 그러나 작업을 하다 보니 앞으로도 이런 작업이 끝없이 이어져야 할 거라는 생각 그리고 연구가 완성될 때까지 오래 기다리기보다 그때그때 신속하게 연구 결과를 보고하는 편이 나을 거라는 생각이 들었다. 이 시리즈의 첫 원고가 이미 5년 전에 탈고되었다는 점이 이런 생각을 굳혔다. 앞으로 이 시리즈가 계속되기를 기대한다. 필자 역시 작업을 계속하겠지만, 한국상담과 동양상담에 관심 있는 상담학도

라면 누구라도 이 작업을 이어 갈 자격이 있다. 그리하여 앞으로 100권, 200권을 넘어서까지 이 시리즈가 쌓여 가기를 바란다. 감히 말하건대, 이 시리즈 목록의 길이는 한국상담의 성숙도를 보여 주는 바로미터가 될 것이다.

필자는 상담을 전공하는 후학들이 '우리와 우리 것'에 대해 관심 가지기를 간절하게 바란다. 원고를 쓰면서 우리 역사, 사상, 철학, 문화 속에 상담 정신이 깃든 자료가 그렇게 풍부하다는 데 정말 놀랐다. 그럼에도 불구하고 이런 자료들이 상담학도들의 눈에 띄지 않았다는 사실이 참 이상하다. 다소 늦기는 했지만 이 자료들을 정리하여 현대 상담 속으로 끌어들일 때가 되었다. 외국으로부터 배울 것은 배우되, 온고지신하는 마음으로 우리 것을 품어서 한국상담학을 정립해 가는 창조적인 작업에 모두 동참하자.

이 작업을 시리즈로 기획하자고 제안하신 김진환 사장님 그리고 상담에 대한 깊은 애정을 가지고 정말 꼼꼼하게 교정과 편집 책임을 맡아 주신 최임배 부사장님에게 감사의 말씀을 드린다. 앞으로도 좋은 상담 책을 많이 출판하여 한국상담계의 발전에 큰 몫을 담당해 주시기 바란다.

청주 원봉산 자락에서

박성희

머리말

　인생은 만남의 연속이다. 사람은 태어나서 죽을 때까지 원하든 원하지 않든 만남을 가지며 살아간다. 때로는 사람으로부터 상처를 받고 때로는 사람으로부터 사랑을 받는다. 상처가 두려워 만남을 거부한 채로 살아간다면 결코 행복한 삶을 누릴 수 없을 것이다. 사람은 만남을 통해서 자신의 존재가치를 느끼고 서로 소통하면서 행복과 기쁨을 얻기 때문이다.

　여러 인간관계를 통하여 진정한 만남을 가지지 못하고 갈등만 생긴 경우가 있을 것이다. 필자도 사랑하는 사람과 결혼을 하고 신혼 초에는 많은 갈등이 있었다. 부부로 살아가는 세월이 흐를수록 '너'와 '나'가 아니라 '우리'라는 하나의 몸을 이루어 가면서 갈등이 점차 줄어들었다. 이러한 과정이 진정한 만남이며 이 만남에서 꼭 필요한 것이 진정성이라고 생각한다. 신혼 초에 진정한 만남을 가질 수 없었던 이유는 무엇일까? 생각해 보면 내 속에 진정성이 없었던 것이다. 나의 연약함을 숨기며 가면을 쓰고, 나에게서 느껴지는 감정도 무시하며 그렇게 아무 일도 없는 듯이 살아갔다. 속은 멍들어 가고 있었지만 겉으로는 나를 예쁘게 포장했던 것이다. 내가 쓴 가면을 벗어던지자, 진정한 만남을 가능하게 하는 본바탕을 가질 수 있게 되었다. 이러한 면에서 진정성에 관한 연구는 꼭 필요하고 특히 상담적인 측면에서는 결코 지나칠 수 없는 것이라고 생각한다. 진정성에 관하여 관심을 가지고 살펴보면서 그 필요성은 더욱 절실해졌다. 왜냐하면 진정성이라는 의미는 국어사전에도 없고 국내에서의 연구도 활발하게 일어나지 않았기 때문이다. 눈에 보이지 않는 진정성을 연구한다는 것은 쉽지 않았으며, 한국의 정서 속에 배어 있는 진정성을 찾기란 더욱더 어려운 작업이었다. 구체적인 논의를 위해 대상을 비추어서 탐구하는 것이 필요하다고 느껴 우리나라 인물 중에서 진정성 있는 삶을 산 도산의 사상과 삶을 살펴보고 그 의미를 확대하고자 한다.

도산은 우리에게 독립운동가이자 교육자로 존경받는 인물이다. 그는 대한 제국 말기에 자신, 가족, 동지, 국가에 대하여 진심과 성실한 태도로 임하여 사회적 위기와 혼란을 이겨 나갈 수 있도록 도와주었다. 그는 항상 입버릇처럼 "농담으로라도 거짓말을 하지 말라. 꿈속에서라도 성실을 잃었거든 뼈저리게 뉘우쳐라. 죽더라도 거짓이 있어서는 안 된다. 모든 일은 참되고 실속이 있도록 애써 실행하라."라고 말하였다. 또한 도산은 어떤 사람과의 만남도 소중하게 생각하고, 만나는 동안 그들이 인격적으로 성장하고 바람직한 방향으로 나아갈 수 있도록 하였다.

도산이 보여 준 진정성은 무엇이며 그 진정성의 속성은 어떠했는지 그의 삶과 사상을 통해 살펴본다면, 우

리가 고민하고 있는 '사람들과의 만남 사이에서 필요
한 진정성의 특성'을 발견할 수 있을 것이다. 도산에게
서 발견한 진정성의 특성을 인간관계에 적용한다면 갈
등의 고리는 끊어지고 만남의 깊이는 풍성해질 것이다.
또한 진정성은 현대 상담에서 상담자와 청담자의 만남
을 기술적 · 방법적으로 풀어 가고자 하는 방법에서 벗
어나 '너'와 '나'가 하나 되는 동체적인 만남이 일어나게
하는 필수적인 요소로 자리매김할 것이다. 이제 이 글
을 읽는 모든 이가 가면을 벗고 내면에 진정성을 가져,
삶의 행복을 누리며 잃어버렸던 웃음을 되찾고 바람직
한 방향으로 성장하길 바란다.

열 길 물속은 알아도 한 길 사람 속은 모른다.
하지만 진정성 있는 삶은 참되고 애틋한 마음으로
속마음에 거짓이 없이 일관되게 행동하도록 해 준다.

저자 일동

차례

1

이 시대의 진정성

필자 중 한 사람은 다양한 심리적 고민을 호소하는 초등학생들과 매일 생활하고 있다. 그런데 그들이 털어 놓는 고민은 필자도 감당하기 어려운 것일 때가 많다.

"선생님, 어제 새엄마가 술 먹고 와서 자는 저를 깨워서 '너 때문에 못 살겠다!'며 때렸는데 어떻게 하죠?" "선생님, 우리 엄마는 공부만 잘하면 다 행복해질 거라며 나에게 쉴 틈 없이 공부만 하라고 잔소리를 하세요." "선생님, 저 친구 꼴도 보기 싫고 더 이상 같은 공간에 있기도 싫어요." "선생님 어제 차가운 물로 샤워를 하다가 세월호 사건으로 죽은 친구가 생각나서 펑펑 울었어요. 한순간에 죽을 수 있는데 공부는 해서 뭐하지요?"
이렇게 말하며 학생들이 상담을 요청해 올 때 어떤 대
답을 할지, 어떤 태도를 취해야 할지 막막할 때가 많다.

Beutler 등(2004)은 상담 성과에 기여하는 상담자 요
인과 관련한 연구들을 메타 분석하였다. 그 결과 상담
자의 성별, 나이, 인종 등의 외적 특성과 훈련, 경험, 기
법 등의 외적 상태는 성과에 미치는 영향이 유의미하지
않은 것으로 나타났다. 그러나 상담자의 정서적 안녕,
문화적 태도, 가치 등의 내적 특성과 관계형성능력과
같은 내적 상태는 유의미한 영향을 미치는 것으로 나타
났다. 이는 상담자의 외적 요인보다 내적 요인이 더욱
중요한 역할을 한다는 것을 보여 준다(홍정순, 2015, 재
인용).

상담자의 내적 요인에 관심을 가졌던 Rogers는 상담
및 심리 치료에서 청담자들에게 치유적 변화를 가져오
게 하는 조건으로 진정성, 무조건적 긍정적 존중, 그리
고 공감적 이해의 세 가지를 제안한 바 있다. 바람직한
변화를 이끌어 내는 상담 관계에 필요충분조건이 있다

고 주장하고 그 필요충분조건에 진정성, 무조건적 긍정적 존중, 공감 등을 포함한 것이다. 필요충분조건이라는 말은 어떤 명제가 성립하기에 필요하고도 충분한 조건이라는 뜻이다. 따라서 바람직한 변화를 이끌어 내는 상담 관계의 필요충분조건이 이 세 가지라는 말은 이 세 가지만 갖추어지면 상담 관계가 제 기능을 다할 뿐 아니라 청담자의 바람직한 변화를 보장한다는 뜻이다(박성희, 2014: 397). 이렇게 진정성은 인간관계에 변화를 일으키는 필요충분조건의 하나로 그 중요성이 강조되고 있다.

그럼에도 불구하고, 국내에서는 상담 영역 내외를 통틀어 진정성과 관련한 이론적 · 경험적 연구는 활발히 이루어지지 않았다. 왜 그럴까? 진정성을 굳이 연구해야 할 주제로 여기지 않았다는 것을 한 가지 원인으로 꼽을 수 있다. 진정성은 누구에게나 명확한 것이므로 굳이 정의를 내리고 이에 대해 이론적 · 경험적으로 연구하는 일에 큰 의미를 두지 않았던 것이다.

진정성이 비교적 최근에 등장한 용어라는 점도 하나

의 요인이 될 수 있다. 현재 표준국어대사전에 진정성이라는 단어는 올라오지 않은 상태며, 일부 상담 관련 교재에 등장하는 진정성 역시 명확하게 정의되지 않고 있다. 진정성이라는 단어에는 '진정'이라는 명사와 '-성'이라는 명사가 합쳐져 있다. 따라서 진정성은 국어사전에 등재된 '진정'과 '-성'의 의미가 합쳐진 것으로 정의할 수 있다. 국어사전에서 '진정'은 한자어에 따라 두 가지 뜻을 가진다. 진정(眞情)은 '참되고 애틋한 정이나 마음'이라는 뜻이며, 유의어로는 진심, 충정 등이 있다. 또 다른 진정(眞正)은 '거짓이 없이 참으로'라는 뜻으로 유의어는 속마음이다. '-성'은 '사람이나 사물 따위의 본성이나 본바탕'이라는 뜻으로, 유의어로는 본바탕, 본성이 있다. 이 두 명사의 사전적 정의를 합쳐 보면 진정성은 '참되고 애틋한 정이나 마음이 있는 본성' 또는 '거짓이 없이 참된 본성'으로 정의 내릴 수 있다.

국내에서 진정성에 대한 논의는 거의 이루어지지 않고 있으나, 다행히 박성희(2011)가 Rogers의 개념을 바탕으로 진정성에 대해 언급한 내용이 있다. Rogers를 재해석한 박성희는 진정성을 일치성, 투명성, 순수성, 진솔성, 통합성, 성실성, 현전재성, 신뢰성을 아우르는 종합 용어로 보고 있으며, 이를 자신과 다른 사람의 인격을 완성하고 동시에 서로의 잠재성을 실현할 수 있게 돕는 인간관계의 깊은 원리로 이해하고 있다.

이 연구는 진정성의 의미에 대한 구체적인 논의가 필요하다고 생각하여 시작되었다. 진정성은 눈에 보이지 않는 추상 개념이다. 따라서 이 개념에 실체성을 부여하고 좀 더 실감 나게 이해할 수 있는 구체성을 확보하려면, 진정성의 개념을 충실하게 부각하며 살아간 사람(모델)의 삶을 자세히 들여다볼 필요가 있다. 이에 이 연구에서는 그 모델로 도산 안창호를 선정하였다.

도산 안창호는 평소 문답을 통하여 민족 철학, 신앙, 연애, 가정 사정에 관한 문제 속에서 사람들이 스스로 자기 자신을 발견하도록 도와주었다. 도산의 문답술은 대단히 발달된 것이어서 대화하는 자의 심중을 온통 털어 내게 하였으며, 그러면서도 결코 개인의 심사에 조금도 간섭하는 일이 없었다. 남자나 여자나, 어른이나 아이나 다 평등한 지위에서 물었고 평등의 지위에서 답하는 말을 존중하였다. 남의 말을 꺾거나 누르는 일이 없었으며 어리석은 말이라도 그 말을 하는 사람의 심경을 존중하였다. 그러나 그 어리석음을 그냥 가지고 돌아가게는 아니하였다. 가르친다는 의식 없이 그 어리석음을 스스로 깨닫도록 유도하였다(이광수, 1997).

단순한 일화에 불과하지만 도산은 상담을 받으러 온 사람에게 부끄러움과 괴로움을 느끼지 않도록 하면서 그의 잘못을 스스로 깨달아 인격적으로 바람직한 방향으로 성장할 수 있도록 도와주었다. 이러한 도산의 행동은 문제를 가지고 자신을 찾아온 사람에 대한 '참되고 애틋한 마음' '거짓이 없는 진실한 마음', 즉 진정성이 있었기 때문에 가능했다.

도산의 사상에서도 진정성의 흔적을 쉽게 찾아볼 수 있다. 참된 것에 힘쓰는 무실(務實), 행함에 힘쓰는 역행(力行), 일에 대하여 거짓이 없고 사람에 대하여 거짓이 없는 충의(忠義), 비겁함과 나약함을 버리고 정의와 진리를 바탕으로 행동하는 용감(勇敢), 사랑과 정이 더 두터워지게 공부하고 힘쓰는 정의돈수(情誼敦修) 등도 모두 진정성을 드러내는 용어들이다.

이처럼 도산은 대한 제국 말기에 진정성을 바탕으로 자신, 가족, 동지, 국가에 대하여 진심과 성실한 태도로 임하여 사회적 위기와 혼란을 이겨 나갈 수 있도록 도와주었다. 이런 점에서 도산 안창호는 독립운동가이고 교육자이면서 동시에 상담자로 자리매김하게 된 것이다.

이 책은 도산을 통하여 진정성의 특성을 발견하고, 이를 현대 상담에서 말하고 있는 진정성과 비교한 후 진정성의 개념을 확장함으로써 현대 상담에 줄 수 있는 시사점을 찾으려고 한다.

2

도산의 생애*

　먼저 도산의 진정성을 연구하기 위해 그의 생애를 간략하게 살펴볼 필요가 있다. 도산은 1878년 11월 9일 평안남도 강서군 초리면 칠리 도롱섬에서 태어났다. 8세까지 집에서 글을 배웠고 목동 생활을 하면서 한문 서당에 다녔다. 도산은 같은 서당에 다니던 필대은과 함께 신사상을 키워 나갔다. 도산이 16세 되던 해, 청일전쟁을 목격한 후 많은 생각을 하게 되었다. 우리 민족의 불행은 우리에게 힘이 없기 때문이라고 생각하고, 나라와

---

* 도산 안창호 온라인 기념관(www.ahnchangho.or.kr) 자료를 토대로 하였다.

도산의 생애 | 23

민족을 위해 일생을 바칠 것을 결심하게 되었다.

고향을 떠나 상경한 도산은 1895년 밀러학당에 입학하여 처음으로 신학문을 접하고 3년간 공부한 뒤 졸업하였다. 이 무렵 기독교에 입교한 도산은 기독교를 통하여 사랑하는 기본 정신을 배웠으며, 진정한 독립을 위해서는 사랑의 힘이 필요하다는 것을 절실히 깨닫게 되었다.

1896년 서재필에 의해 '독립협회'가 결성되어 그 단체에 가입하면서 민족에 대한 생각이 정립되었으며 평양 쾌재정에서 처음으로 대중 앞에서 연설하였다. 도산은 열변으로 장안을 뒤흔들어 대중적 명성을 얻었으며 이듬해 독립협회가 강제로 해산되자 고향으로 돌아와 최초 근대학교인 '점진학교'를 설립하고 교육구국운동에 뛰어들었다. 3년간 점진학교에서 교육사업을 시행한 뒤, 구세학당 밀러 목사의 주선으로 교육학을 공부하고자 미국 유학을 결정하였다.

24세 되던 해, 이치관의 딸 이혜련과 결혼한 도산은 아내와 함께 미국 유학길에 올랐다. 미국으로 가는 뱃

길에서 일몰 중에 끝없는 바다 가운데 우뚝 솟은 하와이 섬의 웅장한 모습을 보고 자신의 호를 직접 '도산(島山)'이라 명명하였다.

1902년 샌프란시스코에 도착하여 노동일을 하면서 소학교를 다니던 도산은 새로운 세계에서 자신이 해야 할 일이 무엇인가를 깨달았다. 당시 샌프란시스코에 거주하던 한인들의 생활은 어려웠고 미국인들로부터 멸시를 받으면서도 서로 분쟁을 일삼으며 비참한 생활을 하고 있었다. 도산은 이러한 모습을 보면서 동포들의 생활개선을 위해 '한인친목회'라는 단체를 결성하고, 이 모임을 '공립협회'로 발전시켰다. 이때 도산은 러일전쟁에서 승리한 일본이 강압적으로 을사보호조약을 체결하였다는 소식을 듣고 항일투쟁과 구국운동을 전개하기 위해 4년 만에 귀국길에 올랐다.

1907년, 일본을 거쳐 귀국한 도산은 재빠르게 국가와 민족을 위해 뜻을 같이하는 지사들과 결의하여 비밀결사단체인 '신민회'를 결성하였다. 나아가 도산은 나라의 권리회복을 위하여 교육, 언론, 실업, 학회 등 여러 방면에서 구국운동을 전개하면서 평양에 대성학교를 설립하고, 근대교육과 애국교육을 실행하였다. 한편 1909년 8월에는 '청년학우회'를 조직하여 민족계몽운동과 구국운동을 이끌어 나갈 지도자를 양성하고자 하였다. 그러나 창립되자마자 활동할 공간이 완전한 식민지가 되었고, 1913년 미국에서 흥사단운동을 전개하게 된다.

안중근 의사의 이토 히로부미 처단 의거로 도산은 더욱 일제로부터 경계대상이 되었다. 안중근 의사가 이토 처단 모의를 한 사실이 밝혀지자 일제는 도산과 신민회에 혐의를 두었다. 그래서 도산은 여러 인사들과 함께 헌병대로 끌려가 이토 히로부미 살해 배후 혐의로 취조를 받았다. 모두 무혐의로 풀려 나오긴 하였으나 신변에 위협을 느낀 신민회 회원들과 도산은 망명을 결심하였다.

미국에 돌아간 도산은 1913년 흥사단을 창립하였다. 흥사단의 목적은 「약법」 2조에 명시되었듯이 "본 단의 목적은 무실역행으로 생명을 삼는 충의남녀를 단합하여 정의를 돈수하고, 지·덕·체 3육을 동맹 수련하여 건전한 인격을 작성하고 신성한 단결을 조성하여 우리 민족전도 대업의 기초를 준비"하는 데 있었다.

도산은 흥사단 창립을 "우리 민족이 완전히 부흥하여 생존번영을 누리고 나아가서 전체 인류사회의 공존공영에 공헌을 짓는 대(大)사명을 달성하는 유일한 길은 오직 흥사단의 주의 주장이다."라고 할 정도로 흥사단을 중시하였다. 흔히 흥사단운동은 수양단체 및 운동으로 규정되고 있으나, 완전 독립을 쟁취하여 민족국가를 건설하는 큰 목적을 달성하기 위한 기초운동이었으며, 도산은 흥사단운동에 큰 애정과 신념을 가졌다.

도산은 1919년 3·1운동 후 상해로 건너가 대한민국임시정부 내무청장 겸 국무총리서리로 업무를 보았다. 도산은 대한민국임시정부가 국권회복과 민족국가 건설이라는 민족의 과제를 실현시켜 줄 실질적인 국민의 총집결체가 될 수 있다는 희망과 기대를 가지고 독립운동 세력의 통합에 전념하였던 것이다.

도산은 임시정부를 독립운동의 최고 지휘부로 올려놓고자 각 방면으로 전력하였으나, 임시정부는 곧 내분에 휩싸이고 말았다. 대통령 이승만과 국무총리 이동휘의 독립운동 방략의 차이는 임시정부를 혼돈으로 몰아갔다. 한편, 대통령 이승만의 위임통치안을 두고 논란이 거듭되면서, 이승만 대통령 취임 반대 운동이 전개되었다.

도산은 대통령직을 수행할 수 있도록 이승만 대통령을 중심으로 단결해 줄 것과 개인의 비난이 정부의 비난이 되어서는 안 된다고 호소하였다. 국민대표회의에서 도산은 임시정부를 그대로 '고수'하자는 의견을 내세워 "장차 독립운동을 계속할 것인가 계속하지 않을 것인가, 만약 계속한다면 현 임시정부는 이를 존속하되, 다만 각원의 개조로 끝내고 각 파와 단체를 통일하자."라고 주장하였다. 그러나 국민대표회의는 독립운동계의 노선 차이만을 드러낸 채 결렬되었다. 국민대표회의마저 실패로 돌아가자 많은 지사가 독립운동에 회의를 느끼고 흩어졌다. 그러나 도산은 좌절하지 않고 민족유일당 결성에 착수하여 독립운동의 계파와 노선을 초월하는 대동단결운동을 전개하였다.

1932년, 의사 윤봉길이 상해 홍구공원에서 요시노리 대장 등을 폭살하는 사건이 생겨 일제가 한국인 대수색을 행할 때 도산 역시 체포되어 경성으로 압송되었다. 상해 일본영사관 경찰에 인도되어 심문을 받은 도산은 그해 인천으로 호송되어 서대문형무소에 수감되었고, 심문 조사 후 4년 실형을 언도받았다. 도산은 공소권을 포기하고 대전감옥으로 이송되어 2년 6개월의 옥고를 치르다가 형기를 22개월 남기고 1935년 가출옥되었다. 도산은 허약해진 몸을 이끌고 일본 경찰의 감시와 방해를 무릅쓰고 전국을 순회하면서 강연을 한 후 평남 강서군 대보산에 송태산장을 손수 짓고 그곳에 은거하였다. 이때 도산은 모든 활동을 금지당한 상태였음에도 국내 흥사단 조직인 '동우회'의 민족운동을 배후에서 지도하였다.

일제는 동우회를 신간회 해소 이후 가장 유력한 단체로 부각시키면서 동우회가 "표면 수양단체를 가장하여 교묘히 당국의 단속을 면하고 이면에서는 조선의 독립을 목적으로 집요한 운동을 계속해 왔다."라고 지목하고 탄압하기 시작했다.

도산은 송태산장에서 붙잡혀 서울 종로 경찰서에 수감되었고, 동우회와 관련하여 집중적으로 조사를 받았다. 8월 15일 예심종결을 거쳐 서대문형무소로 이감된 도산이 오래 묵은 위장병과 폐결핵 증세로 위급한 상태에 빠지자 조선총독부에서는 12월 24일 시급히 도산을 보석시켜 경성 제국대학병원에 입원하게 하였다.

당시 도산은 위처짐증, 간경화, 만성기관지염 증세로 응급치료를 받았지만, 친형 안치호와 생질인 김순원 등 몇몇 친지들이 지켜보는 가운데 1938년 3월 10일 0시 5분에 60세를 일기로 서거하였다.

3

도산의 사상에 나타난 진정성

앞에서 언급한 대로 일단 진정성을 '참되고 애틋한 마음으로 속마음에 거짓이 없이 일관되게 행동하는 것'으로 보고, 이러한 관점에서 도산의 사상에 나타난 진정성을 찾아보자.

'그 인간에 그 국가(Like man, Like state).' 이것은 기원전 400년, 그리스 철학자 Platon이 주장한 것이다. 한 국가가 어떠한 양상을 나타내는 것은 오로지 그 국가를 구성하는 국민이 그렇기 때문이라는 것이다. 국민의 성격에 따라 국가의 성격이 달라지며 한 국가는 국민의 인간성에 의지해서 이루어진다고 말하고 있다(장리욱, 2014). 도산의 사상도 이 Platon의 주장과 같다고 볼 수 있다. 도산은 나라의 문제를 해결하는 핵심이 인간을 개조하는 데 있다고 본다. 인간 개조의 궁극적 목적은 건전한 인격을 조성하는 것에 있다. 나라를 사랑하는 첫걸음은 나 자신이 건전한 인격을 가질 수 있도록 인격혁명을 하는 것이다.

인격이 하는 일이 아니고 무엇입니까. 그러나 망종지민의 인격으로 무슨 사회혁명입니까? 하니까 근간은 인격혁명에 돌아가고 맙니다. 어느 하세월에 인격혁명을 하여 가지고 사회혁명을 하느냐고 또 반격을 할는지 모릅니다만 우리 사회에 인격혁명한 이가 한 해에 열 사람이면 열 사람, 스무 사람이면 스무 사람, 이같이 늘어 갈수록 우리 사회는 점점 좋아 갈 것이 분명합니다.

인격입니다. 가새나무엔 가새가 열리고 포도나무에는 포도만 열리는 것입니다. 인격혁명을 못한 이는 제아무리 나쁜 사회제도를 타파하여도 다시 나쁜 제도밖에 나오지 않습니다. 이거 보시오. 같은 데모크라시가, 똑같은 이론을 가진 데모크라시가 흑서가(黑西歌)에 떨어진 것과 아미이가(亞米利加)에 떨어진 것과 다르지 않습니까. 같은 사회주의가 노서아(露西亞)에 떨어진 것과 다르지 않습니까. 본바탕이 그르면 아무리 좋은 씨라도 글렀단 말씀이야요.[1]

(장리욱, 주요한, 1987: 149)

도산의 지식은 알기만 하고 행하지 않는 죽은 지식이 아니라, 하나를 배워 알게 되면 그대로 행하는 산지식이었다. 도산의 사상은 학문으로 배운 것이 아니라 제국주의적 식민주의로 조국의 운명이 아슬아슬하게 되었을 때 산 경험으로 깨닫게 된 것이다. 또한 나라의 어려움을 힘의 부족으로 보고 있다. 힘은 건전한 인격과 공고한 단결에서 나며 이 힘에는 여러 가지가 포함되어 있지만 힘의 원천이 되는 것은 바로 도덕의 힘이다.

세상의 모든 일은 힘의 산물이다. 힘이 작으면 일을 작게 이루고 힘이 크면 크게 이루며, 만일 힘이 도무지 없으면 일은 하나도 이룰 수 없다. 그러므로 누구든지 자기의 목적을 달하려는 자는 먼저 그 힘을 찾을 것이다. 만일에

---

1 1936년 2월 『西海公論』 제2권 2호 재인용.

힘을 떠나서 목적을 달하겠다는 것은 너무도 공상이다.

　제군이여, 일은 힘의 산물이라는 것을 확실히 믿는가? 만일 이것을 믿고 힘을 찾는다 하면 그 힘이 어디서 오겠는가?

　힘은 건전한 인격과 공고한 단결에서 난다는 것을 나는 확실히 믿는다. 그러므로 인격 훈련, 단결 훈련, 이 두 가지를 청년 제군에게 간절히 요구하는 바이다. …… 어떤 운동에서든지 운동이 퇴축하며 실패하는 것은 건전한 인격을 가지지 못한 것이 그 큰 원인 중의 하나이다. …… 조직에 합당한 지식, 조직에 합당한 신의. 이것을 갖춘 인격이 없는 것이 큰 원인이다. 단결의 신의를 굳게 지키며, 조직적 지식을 가진 사람이 없고서는 간판 운동이 아닌 실제적 힘 있는 운동을 할 만한 결합을 이루기는 절대 불가능할 것이다.[2]

(안창호, 1994: 15)

　이 도덕적 힘은 우리 민족에게 꼭 필요하다고 생각하는 무실, 역행, 충의, 용감의 정신을 가질 때 길러진다고 보고 있다. 이러한 도산의 사상은 흥사단운동을 통해서

---

2 『동광』 1931년 2월호 재인용.

구현되고 있으므로 흥사단의 정신을 파악해 보면 도산의 사상을 잘 알 수 있다. 안창호는 1913년 5월 13일 미국 샌프란시스코에서 '흥사단'을 설립하였다. 「흥사단약법」에 명기된 목적 조항에서 흥사단의 창립 목적과 근본이 되는 정신을 알 수 있다.

> 본 단의 목적은 무실역행으로 생명을 삼는 충의남녀를 단합하여 정의를 돈수하고, 덕, 체, 지 삼육을 동맹 수련하여 건전한 인격을 작성하고 신성한 단결을 조성하여 우리 민족 대업의 기초를 준비함에 있다.
>
> (임중빈, 1998: 15)

건전 인격과 신성한 단결을 위한 무실, 역행, 충의, 용감의 4대 정신은 흥사단 단기(團旗)에도 그대로 상징되어 있다. 안창호는 흥사단을 창립하면서 직접 단기를 도안하였다. 선비 士 자를 날개 벌린 새의 모양으로 도안하고 그 새를 기러기라 하여 단의 상징으로 삼았는데, 기러기는 반드시 떼를 지어 날기 때문에 단결과 돈수를 뜻하는 것이었다. 또한 단기는 황, 홍, 백, 청의 네 가지

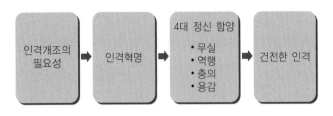

[그림 3-1] 도산사상의 과정 및 궁극적 목적

색을 사용했는데, 각각 황은 무실, 홍은 역행, 백은 충의, 청은 용감의 4대 정신을 나타내는 것이었다(손동유, 2004).

1. 4대 정신(四大精神)

도산의 최종 목적은 힘을 길러 이 나라가 독립하는 것이었다. 이 힘은 도덕성에서부터 출발한다고 보고, 우리 민족을 진단한 결과 도덕적 결함이 있다고 생각하였다. 그가 살핀 도덕적 결함이라는 것은 과거 우리 민족에게 주어진 역사적·지리적 여건은 물론이지만 다시 종교, 정치, 교육 등 모든 세력의 작용, 또 반작용에 의지해서 결국 민족 생명의 몇 가지 중요한 생명소(生命素)를 잃어버렸다는 것이다. 이 생명소란 다름 아닌 무실(務實), 역행(力行), 충의(忠義), 용감(勇敢)의 네 가지 정신이다(장리욱, 2014). 도산이 말하고 있는 네 가지 정신에 대하여 살펴보겠다.

첫째, 무실은 도산철학사상의 핵심으로 '실(實)에 힘쓰자.'라는 뜻이다. 실은 참이요, 진실이요, 성실이며, 참되기를 힘쓰고 진실하기를 노력하고 성실하기를 공부하는 일이 무실이다. 즉, 무실은 우리의 생각과 말에 거짓이 없고, 참되게 살아가는 진실주의를 의미하는 것이다(김종수, 2006).

도산은 동포에게 고하는 글 「합동과 분리」에서 우리 민족의 도덕적 결함이 거짓이라는 것을 말하면서 거짓이 사회에 팽배해 있으므로 우리 민족이 합동을 이루지 못하고 있음을 한탄하고 있다. 그러므로 각 개인의 가슴에 진실과 정직을 모셔야 함을 주장하고 있는 것이다. 이 거짓에 맞설 수 있는 것이 도산의 무실(務實)이다. 도산이 실학파의 영향을 받았는지 확실히 알 수 없으나 무실 사상은 실생활과 유리된 공리공론만을 일삼는 성리학의 폐단을 버리고 실질을 숭상하고 이론보다 사물을 중시하고, 실사구시(實事求是)와 이용후생(利用厚生)을 목표로 하는 실학사상과 연결되는 면을 발견할 수 있다. 즉, 여기에서의 무실은 저마다 거짓을 버리고 참되기를 힘써 참된 사람이 되자는 것이다(최창범, 2003).

슬프다! 우리 민족의 역사를 돌아보면 우리 민족의 생활이 소위 하급이라고 일컫는 평민들은 실지로 노동 역작하여 살아왔거니와, 소위 중류 이상 상류 인사라는 이들은 그 생활한 것이 농사나 장사나 자신의 역작을 의뢰하지 아니 하였고 그 생활의 유일한 일은 협잡이었습니다. 그러므로 그네들은 거짓말하는 것이 자기의 생명을 유지하는 유일한 방법이었습니다. 그러므로 거짓말하고 속이는 것이 가죽과 뼈에 젖어서 양심에 아무 거리낌 없이 사람을 대하고 일에 임함에 속일 궁리부터 먼저 하게 되었습니다. 이것이 후진인 청년에게까지 전염이 되어 대한 사회가 거짓말 사회가 되고 말았습니다.

아아, 슬프고 아프다! 우리 민족이 이 때문에 합동을 이루지 못하였고, 서로 합동을 이루지 못하였기 때문에 사망에 임하였습니다. 사망에 임한 것을 스스로 건지기를 꾀하나 아직도 서로 믿을 수 없기 때문에 민족적 합동 운동이 실현되지 못합니다. 대한 민족을 참으로 건질 뜻이 있으면 그 건지는 법을 멀리 구하지 말고 먼저 우리의 가장 큰 원수가 되는 속임을 버리고 각 개인의 가슴 가운데 진실과 정직을 모시어야 하겠습니다.

(장리욱, 주요한, 1987: 121)

도산은 대성학교 학생들에게, 청년 학우회를 창단하였을 때, 흥사단우를 조직할 때 먼저 무실사상을 강조하였다. 죽더라도 거짓이 없고 진실을 숭상하는 사람이 되기를 교육하고 이 정신을 계승하기 위해 노력하였다.

「대성학교 학생에게 주는 말들」

죽더라도 거짓이 없으라.

대신이 이름만 대신이요, 다른 일을 하므로 우리나라가 이 모양이 되었다. 농담으로라도 거짓말을 말아라. 꿈에라도 성실을 잃었거든 통회하라.

한국 사람들은 개시 영웅이 되려고는 하면서도 영웅이 될 공부는 아니 한다. 여러분들은 미국 독립군의 총사령관

워싱턴, 미국의 초대 대통령이 되려고만 하지 말고 정직한
조오지가 되기를 배우라.

(장리욱, 주요한, 1987: 271)

「청년 학우회의 취지에 대하여」

　우리 국가와 민족이 이렇게 쇠망한 근본적 이유가 진실
한 국민적 자각, 민족적 자각, 역사적 자각, 사회적 자각을
못 가진 데 있다. 배일 운동이 있기는 하지만 그중에는 그냥
비분강개에 그치는 수가 많고 믿을 만한 책임심이 결여되
어 있다. 그러므로 우리가 하는 청년운동, 국민운동은 어디
까지나 '진실'을 숭상해야 한다. 언변보다도 실행을, 형용보
다도 내용을 존중해야 한다. 그것이 무실역행이다. 이상과
목적을 책임 있게 실행할 능력도 기르고 정신도 기르자.

(장리욱, 주요한, 1987: 272)

　도산이 흥사단우를 고르는 표준은 두 가지 있었다.
첫째는 거짓이 없는 사람, 둘째는 조화성이 있는 사람
이었다. 조화성이라 함은 단체 생활을 가능케 하는 성
질이다. 너무 자기만 고집하고 규각이 심한 사람은 단
체 생활에 늘 말썽을 일으키기 때문이다.

"거짓이 있는 사람, 규각을 세우는 사람이라도 한 가지 기술과 한 가지 능력이 있거든 받아서 수양을 시키면 좋지 아니하냐?"

하는 이론에 대하여서 도산은 이렇게 대답하였다.

"금주 동맹은 술을 아니 먹는 사람들의 모임으로 성공하는 것이다."

(안병욱, 안창호, 김구, 이광수 외, 2004: 312)

둘째, 도산은 무실사상을 강조하면서 반드시 수반되어야 하는 것을 역행으로 보고 있다. 역행은 행(行)에 힘쓰는 것이다. 즉, 도산의 철학은 행함의 철학이다. 내가 아는 것을 행하는 것에 힘쓰는 사상이 바로 역행인 것이다. 아는 것이 행함으로 연결되지 못하면 자신이 알고 있는 모든 지식은 헛된 것이 되기 때문이다. 실천궁행(實踐躬行)이 따르지 않는 이론과 지식은 헛되고 무의미할 뿐만 아니라 우리에게 손해를 끼친다고 했다(구자철, 2001).

도산은 조선시대 500년 이래로 수신제가 치국평천하(修身齊家 治國平天下)라는 말만 하고 그 일은 하지 않는 것에 대하여 비판하였다. 조선 오백 년의 공리공론의 역사는 소에게 무엇을 먹여야 가장 좋다는 토론에 세월을 보내다가 소를 굶겨 죽게 한 것과 같다고 보고 있다. 이와 마찬가지로 독립운동에 대해서도 역행이 빠지면 아무것도 이룰 수 없음을 말하고 있는 것이다. 도산은 '너도 행하고 나도 행하고 우리가 다 행하자.'라고 말하면서 우리 민족 모두에게 행함이 필요함을 말하고 있다(안병욱, 안창호, 김구, 이광수 외, 2004). 참되고 성실하기를 행하고, 부지런하여 매일매일 자신에게 맡겨진 일에 대하여 책임감을 가지고 행하는 것이다. 그러므로 민족적으로 고쳐야 할 공리공론의 모습을 개조하여 역행적인 생활 모습으로 변화될 것을 요구하고 있다.

셋째, 도산은 우리 민족이 고쳐야 할 고질적인 성격적 질환으로 불충불신(不忠不信)을 지적했다. 그래서 그는 우리 민족의 자립과 번영을 위해서는 불충과 불신의 사조를 제거하는 것만이 참된 길이라고 믿어 충의의 실천을 강조하였다(김종수, 2006).

충의는 과거 임금에 대한 충을 떠올리는 사람이 많이

있겠지만 도산의 충의는 그것보다 훨씬 더 넓은 의미를 가지고 있다.

상해 임시정부 시절에 애국가의 가사에 얽힌 일화가 있는데, 제4절의 가사 중 "충성을 다하여"는 원래 "님군을 섬기며"였는데 기미년(己未年) 이후에 도산이 고쳤다는 것이다. 이때의 '충성'은 임금을 연상하기 쉬우니, '겨레를 위하여' 혹은 '정성을 다하여' 혹은 '나라를 사랑하여'로 하는 것이 어떠냐고 주요한이 제의했더니 도산은 이렇게 말했다.

충성이란 말은 결코 군주에 대한 충성만을 말하는 것이 아니요, 국가, 민족, 직업, 친구, 부부 등에 대하여 마음과 뜻을 다한다는 데에 쓰일 수 있는 말이며 '정성' '지성' 보다 더 지극한 뜻이 있으니 '충성을 다하여'가 더 좋은 말이다.
(류미경, 1990: 29)

충의는 충성과 신의로 이루어져 있다. 충의는 일에 대하여 충성을 다하고 사람에 대하여 신의를 지키는 것이다. 즉, 사물과의 관계에서 최선을 다하며 책임감을

가지고 행동하는 것이며 사람과의 관계에서는 신용과
의리를 가지고 대하는 것이다. 도산은 민족에게 드리는
글 「합동과 분리」에서 신용의 중요성을 말하고 있다.

「합동과 분리」

둘째는 공통적 신용을 세울 것입니다. 앞에서 말하기를
민족적 합동은 공통적 조건을 세움으로써 이루어진다고
하였습니다. 그보다 먼저 될 문제는 사회의 각 분자되는
개인들의 신용입니다. 서로 신용이 없으면 방침이 서로 같
더라도 합동될 수가 없고 서로 신용이 없으면 공통적인 목
적과 방법을 세우기부터 불가능할 것입니다. 그러므로 공
통적인 방침을 세워 가지고 공통된 진행을 하려면, 즉 합
동의 사실을 이루려면 먼저 사회의 신용을 세워야 하겠고,
사회의 신용을 세우려면 먼저 각 개인의 신용을 세워야 하
겠습니다.

(안창호, 1994: 200)

넷째는 옳은 일에 대하여 망설임 없이 나아가는 용감
이다. 행하기를 힘쓰는 역행의 삶을 풀어 나가기 위해
서는 용감이 필요하다. 도산은 『동광』 1927년 1월호 「용

단력과 인내력」에서 대한의 청년들 앞을 가로막고 있는 것은 방황과 주저이며 이것을 이기기 위해서는 옳다고 생각하는 바에 뜻을 세우고 그 세운 바를 두려움 없이 결단하고 나아가야 한다고 밝히고 있다. 용감하게 행하지 못하는 것은 왜일까? 옳다고 하는 것에 뜻을 세우지 못하였기 때문이다. 즉, 옳은 것에 대한 신념이 바로 서 있어야 주변 환경에 의하여 흔들리지 않는 것이다.

　　오늘 대한의 청년들 앞에는 원수가 있습니다. 이것이 무엇인 줄 압니까? 또 이것을 알면 이것을 쳐 이기려 합니까? 오늘 대한 청년들 앞에 공으로나 사로 막혀 있는 큰 원수는 곧 방황과 주저이외다. 여기는 공적도 있고 사적도 있습니다. 우리는 지금 범민족적으로 파멸의 지경에 처해 있습니다. 우리가 만일 급히 덤비지 않으면 아주 영멸하는 지경에 들어가겠습니다. 그러나 이 상태에서 앞을 헤쳐 나아가지 않고 방황하고 주저하고 있는 것은 공적이외다.

　　남이야 알건 모르건 오늘 대한의 청년 된 이는 대한 민족을 위하여 무엇을 어떻게 할까를 스스로 연구하고 참고하여 옳다 하는 바에 뜻을 세우고 그 세운 바를 다른 사람에게 선포하여 함께 나아갈 것이외다. 이것이 오늘 대한 민족의 다시 살아날 길이외다. "무엇이 옳다고 생각나거든 그것을 붙잡아라. 그렇지 않으면 큰 기회를 놓치나니라." 이 말은 우리가 늘 가져 둘 말이외다. 일에 대하여 도덕적과 이해적으로 헤아리어 善하고 利하면 하되 공공연한 이가 되거든 그렇게 하기를 용감히 결단할 것이외다. 이 용단력이 없으면 대개는 방황 주저하게 됩니다.[3]

(안창호, 1994: 18)

도산 자신은 평소 이 용감의 정신을 실천하며 살아갔다. 1919년 3월 13일, 북미 대한인 국민회 중앙총회위원회 연설에서 나라를 위하여 생명을 희생하여 죽기까지 용감하게 나아가기를 말하고 있다. 또한 「우리의 독립운동은 계속할까, 정지할까」에서 우리 민족이 독립운동에 대하여 의심하고 주저하는 것에 대하여 경계하며 낙심하지 말며 용맹직진 해야 함을 연설하고 있다.

우리가 독립선언의 대사건이 발생하기 전에는 내지 동

---

3 『동광』 1927년 1월호 재인용.

포의 내정을 몰라 앞뒤를 돌아보며 주저하였지만, 오늘 전국 민족이 나라를 위하여 생명을 바쳤으니, 대한 민족의 1분자 된 우리는 재주와 힘을 다하여 생명을 희생하여 죽기까지 용감하게 나아갑시다. 죽기를 맹세하고 나아가면 우리는 서로 의리의 감동함이 있을 것이외다.

믿건대 마음을 넓게 가지고 강하게 쓰며, 정을 뜨겁게 붓고 깊이 맺으면 시기와 미움이 없을 것이요, 무서움과 두려움도 없을 것입니다.

(안창호, 1994: 37)

2. 정의돈수(情誼敦修)

도산은 사람 사이의 사랑과 정을 아주 중요하게 생각하였다. 그가 주장한 여러 윤리사상 가운데 정의돈수에서 그것을 찾아볼 수 있다. 정의돈수란 사랑과 정이 더 두터워지게 공부하고 힘쓰는 것이다. 도산은 동포들에게 주는 글인 「무정한 사회와 유정한 사회」에서 사람이 살아가는 사회에는 정이 있어야 하는데 우리 사회는 무정한 사회임을 말하고 있다. 그러므로 우리 사회는 정의(情誼)가 필요하다고 보고 있다. 또한 그 정의를 더 커지게, 그리고 두터워지게 공부하고 연습하는 것을 돈수로 보고 있는 것이다. 정의돈수의 개념을 아래의 글에서 자세히 살펴보자.

정의는 친애와 동정의 결합이외다. 친애라 함은 어머니가 아들을 보고 귀여워서 정으로써 사랑함이요, 동정이라 함은 아들이 당하는 고와 낙을 자기가 당하는 것같이 여김이외다.
그리고 돈수라 함은 있는 정의를 더 커지게, 더 많아지게, 더 두터워지게 한다 함이외다. 그러면 다시 말해서, 친애하고 동정하는 것을 공부하고 연습하여 이것이 잘 되어지도록 노력하자 함이외다.

(안창호, 1994: 225).

도산은 홍사단 입단 문답을 할 때에도 '정의돈수'라는 문구를 들어서 상당히 오랜 시간 동안 문답받는 이의 자각을 환기하도록 노력하였다.

"정의돈수란 무슨 뜻이오?"

"서로 사랑한다는 뜻이오."

"돈수란 무슨 뜻이오?"

"도탑게 닦는단 뜻이오."

"서로 사랑하는 정신을 더욱 기른다는 뜻일까요?"

"그렇소, 우리 흥사단의 해석으로서는 정의돈수란 '사랑하기 공부'란 뜻이오. 사랑하기를 공부함으로 우리의 사랑이 더욱 도타워질 수 있을까요?"

"사랑하기를 날마다 힘을 쓰면 그것이 습관이 되리라고 생각합니다. 습이 성이 되면 그것이 덕인가 합니다."

(안병욱, 안창호, 김구, 이광수 외, 2004: 318)

도산의 정의돈수 사상을 가만히 들여다보면 그 핵심은 사랑이라는 것을 알 수 있다. 사랑은 저절로 생겨나는 것이 아니라 '사랑하기 공부'를 하여야만 생긴다는 것을 강조하였다. 아니 솟던 샘도 더 깊이 파면 솟는 일이 있는 것처럼 사랑하기도 열심히 공부함으로 그 마음을 기를 수가 있는 것이다. 또한 이 사랑은 내가 접하게 되는 사람을 사랑하는 것부터 시작함을 말해 주고 있다.

나의 가까운 사람들부터 미워하지 않고 사랑하는 마음을 가질 때 내 민족 2천만을 사랑할 수 있다고 보고 있다.

지금까지 도산사상에서 발견할 수 있는 진정성과 관련된 특성을 표로 제시하면 다음과 같다.

〈표 3-1〉 도산사상에서 진정성과 관련된 개념

무실	도산철학사상의 핵심으로 '실(實)에 힘쓰자.'라는 뜻이다. 실은 참이요, 진실이요, 성실이며, 참되기를 힘쓰고 진실하기를 노력하고 성실하기를 공부하는 일이 무실이다.
역행	역행은 행(行)에 힘쓰는 것이다. 내가 아는 것을 행하는 것에 힘쓰는 사상이 바로 역행인 것이다.
충의	충의는 일에 대하여는 충성을 다하고 사람에 대하여는 신의를 지키는 것이다.
용감	옳은 일에 대하여 망설임 없이 나아가는 것이다.
정의돈수	사랑과 정이 더 두터워지게 공부하고 힘쓰는 것이다.

4

도산의 삶에 나타난 진정성

앞서 도산의 사상에서 진정성과 관련된 것을 많이 찾아볼 수 있었다. 그런데 사람의 사상이 실천적으로 나타나는 현장은 바로 실제의 삶이다. 여기서는 '참되고 애틋한 마음으로 속마음에 거짓이 없이 일관되게 행동하는 것'을 진정성으로 간주하고 도산의 삶에 나타난 진정성을 발견하고자 한다. 삶 속에서의 진정성은 여러 사람과의 만남 속에서 나타난다. 따라서 도산이 자기 자신, 가족, 동지, 나라에 대하여 가진 만남을 분석함으로써 그가 보여 준 진정성의 특징을 살펴볼 수 있다.

1. 자신에 대한 진정성

도산은 개인의 건전한 인격에 관심을 가졌으며 자신 또한 건전한 인격의 삶을 살아가기 위해 노력하였다. 언론인 송건호는 도산에 대하여 이렇게 평하였다. 안창호처럼 공사생활에서 깨끗한 지도자도 흔치 않을 것이다. 청교도적인 도덕주의와 자신의 철학인 흥사단 정신, 그리고 대공주의와 독립운동가로서의 민족사랑은 모두 청결한 도덕성에서 발원한다(김삼웅, 2013). 이러한 건전한 인격을 가지기 위해서는 자기 자신에 대한 충분한 이해를 바탕으로 자각을 통하여 스스로 개조해야 한다고 보고 있다. 이것이 자기를 사랑하는 방법인 것이다. 자기애가 높은 사람일수록 자신을 있는 그대로 수용하고 존중하며 스스로 가치 있는 인간으로 느낄 수 있다. 자신을 사랑할 줄 아는 마음이 바로 진정성의 출발이라고 볼 수 있다. 안창호가 활동하던 당시에 많은 사람들은 우리나라에 인물이 없어 일제의

통치를 받게 되었다고 한탄하였다. 그러나 안창호는
인물 되려고 마음먹고 힘쓰는 사람이 없기 때문이라고
주장하면서 한탄하는 사람이 인물 될 공부를 하라고
말하고 있다.

　예나 이제나 우리는 우리나라에 인물이 부족함을 한탄
하는 소리를 듣는다. 다들 '인물이 없어서' 하고 한탄한다.
　"왜 우리 중에는 인물이 없나?"
　도산은 이에 대하여 이렇게 대답한다.
　"우리 중에 인물이 없는 것은 인물 되려고 마음먹고 힘
쓰는 사람이 없는 까닭이다. 인물이 없다고 한탄하는 그
사람 자신이 왜 인물 될 공부를 하지 아니하는가"

(흥사단 출판부, 1985: 124)

　이 내용은 나라의 어려움을 극복해 낼 사람이 바로
자신임을 이해하고 자각하라는 것이다. 자신에 대한
자각은 쉽게 이루어질 것 같지만 내면에서 일어나는
자신의 감정이나 외부의 행동은 자신도 모르게 이루어
져 왔기 때문에 쉽지 않다. 도산은 자각이라는 용어를

연설할 때 자주 사용하였다. 1921년 흥사단 동지에게 쓴 「힘을 기르소서」라는 서한에서 자신에 대한 진정한 자각이 잘 나타나 있다.

여러분은 스스로 살피어 내가 과연 주인이요 나밖에도 다른 주인이 또한 많다고 하면 이어니와 만일에 주인이 없거나 있더라도 수효가 적은 줄로 보시면 다른 일을 하기 전에 내가 스스로 주인의 자격을 찾고 또한 많은 사람으로 하여금 주인의 자격을 갖게 하는 그 일부터 하여야 되겠습니다. 우리가 과거에는 어찌하였든지 이 시간 이 경우에 임하여서는 주인 노릇할 정도 일어날 만하고 자각도 생길 만하다고 믿습니다.

(장리욱, 주요한, 1987: 116)

여러분 동지여, 나는 여러분이 이 점에 대하여 명확한 자각을 가지시기를 바랍니다.

(장리욱, 주요한, 1987: 256)

우리 국가와 민족이 이렇게 쇠망한 근본적 이유가 진실한 국민적 자각, 민족적 자각, 역사적 자각, 사회적 자각을 못 가진 데 있다.

(장리욱, 주요한, 1987: 272)

　세상 사람들은 흔히 오해하여 말하기를 안창호는 흥사단 기관과 각 동지에게 비밀히 연통하여 무슨 음모 운동을 한다고 하나, 나는 3년간 정치 문제는 고사하고 본국에 관한 일이나 동지들의 안부에 관한 일에 일절 서신의 거래가 없었을 뿐더러 여러 동지 중에서 2, 3차 혹 4, 5차 보내온 편지를 받고도, 더욱이 어떤 동지는 특별한 사건으로 물음에 대하여도 일절 답장이 없었으니 이것이 내가 동지에 대한 신과 의리에 어기는 허물을 지은 것이외다. 나는 이에 대하여 중심으로 자각하고 아울러 여러분 앞에 자복하는 바이외다. 이것은 내가 마땅히 고쳐야 할 악습 가운데 하나이다. 그러나 40년 동안 굳은 악습으로 제2천성이 되다시피 하여 잘 고쳐질는지 장담하기는 어렵습니다. 나는 이 허물에 대하여 여러분 동지 앞에 용서 얻기를 감히 바라지 못하고 오직 책망하여 주심을 기다릴 뿐이올시다. 동시에 우리 동지 중에 나와 같은 악습이 없기를 심히 바라는 바이외다.

(장리욱, 주요한, 1987: 254-255)

도산은 동지들에게 여러 차례 편지를 받고도 답장을 하지 못한 것에 대해 믿음과 의리를 어기는 허물을 지은 것으로 자각하고, 그것을 자신이 고쳐야 할 악습 가운데 하나인 것으로 인정하였다.

도산은 '인간이 훌륭한 것은 개조할 줄 아는 존재'라고 말하면서 개인의 개조가 중요하다는 것을 밝히고 있다. 자신에 대한 자각이 이루어지면 자신이 부족한 것을 수용하여 개조해 나가는 것이 필요하다고 생각하였다. 그런데 도산은 눈에 보이는 것만 개조하자고 외친 것은 아니었다. 개인의 마음, 습관, 인격 부분에서 개조를 해야 한다고 믿었다(최창범, 2003).

남이 개조하지 않는다고 한탄하지 말고, 개조의 책임은 자기에게 있으며 바로 자신이 개조를 해야 한다고 1919년 상해에서 '개조'란 제목의 연설에서 힘주어 말한다.

이 각 개인을 누가 개조해야 합니까? 누구 다른 사람이 개조해 줄 것이 아니라 각각 자기가 자기를 개조해야 합니다. 왜 그래야만 합니까? 그것은 자기를 개조하는 권리가 오직 자기에게만 있는 까닭이요, 아무리 좋은 말로 그 귀에 들려주고, 아무리 귀한 글이 그 눈앞에 놓여 있을지라도, 자기가 듣지 않고, 보지 않으면 할 수 없는 일이기 때문입니다.

그런고로 우리 각각 자기 자신을 개조합시다. 너는 너를 개조하고 나는 나를 개조합시다. 곁에 있는 김 군이나 이 군이 개조하지 않는다고 한탄하지 말고, 내가 나를 개조 못하는 것을 아프게 생각하고 부끄럽게 압시다.

(안창호, 1994: 80)

도산은 건전한 인격의 중심을 정직이라고 보고 있다. 자신의 양심에 비추어 거짓말이 없고 속이는 행실이 없어야 한다는 것이다. 도산은 자신이 먼저 정직한 삶을 살아가려고 노력하였으며 대성학교에서 청년들을 교육할 때 이것을 가장 강조하였다. 그는 생도의 가장 큰 죄는 거짓말, 속이는 일이라고 하면서 이에 대하여서는 추호의 가차도 없었다. 그는 학생들에게 "죽더라도 거짓이 없으라. 농담으로라도 거짓을 말아라. 꿈에라도 성실을 잃었거든 통회하라."(이광수, 1997)고 엄중하게 말하였다. 이것은 도산이 생도들에게 하는 최대의 요구였다. 약속을 지키는 것, 집합하는 시간을 지키는 것이 모두 성실 공부요, 약속을 어기는 것, 시간을 안 지키는 것은 허위의 실천이라고 보았다.

도산의 정직함을 드러내는 예화는 아주 많이 찾아볼 수 있다. 도산은 미국에서 동포가 인삼 장수와 함께 장사할 것을 권유했을 때, 그들이 중국 인삼을 고려 인삼이라고 속여 파는 것을 보고 "나는 거짓말을 아니 하기로 결심했으므로" 할 수 없다고 거절했다. 또한 "귤 하나를 따도 정성껏 따는 것이 곧 나라를 위하는 길"이라고 가르쳤고, 그것은 곧 농장의 생산성 향상으로 이어져, 근로 조건을 개선하는 성과로 이어지기도 했다.

도산이 미국에서 하우스보이로 일하면서 영어를 배우기 위하여 샌프란시스코 공립소학교에 입학하려 했다. 그러나 지역 신문에 도산의 이야기가 실리면서 그의 나이가 24세라는 사실이 알려졌고, 학교 측에서는 6세부터 18세까지 다닐 수 있다는 규정에 어긋난다며

두 번이나 거절당했다. 하숙집 미국인이 "당신은 동양인이라 키도 작으니 17세라고 연령을 낮추면 되지 않느냐, 연령을 속이라."고 권고했다. 이에 안창호는 "학교에 다니지 못하는 일이 있더라도 내 양심을 속일 수는 없다."라고 대답했다. 이 같은 소식을 전해 들은 공립소학교 교장이 안창호의 정직성을 평가하여 퇴학을 취소하고 공부를 계속할 수 있도록 조처해 주었다. 그의 정직함이 배움의 길을 열어 준 것이다.

또한 도산은 샌프란시스코에 있는 조선 서북지역 출신 유학생들과 협력하여 동포들의 거처를 찾아다니며 생활 개선으로 주방과 화장실까지 청소해 주면서 나라의 체면을 위해서라도 깨끗하고 정직하게 살아가도록 당부했다. 동포들이 정직하게 살아가도록 하기 위해서 궂은일도 서슴없이 한 것이다.

상해 시절에는 어떤 동지가 독립운동 자금을 마련하기 위한 방편으로 아편 밀수를 권했던 적이 있다. 이때도 도산은 일언지하에 거절하고 준엄하게 꾸짖었다. 아무리 궁핍하더라도 위대하고 신성한 민족적 대업을 정당하지 못한 방법으로 할 수는 없다는 것이 도산의 일관된 원칙이었던 것이다.

도산은 평상시 지극한 정성으로 삶을 살아갔다. 큰 일뿐만 아니라 아주 작은 일까지 온갖 정성을 다하였다. 어떤 일이든 되는 대로 아무렇게나 대충하는 일이 없고 항상 지성일관(至誠一貫)으로 임하였다. 다음 일화들은 도산의 지극한 정성이 잘 드러나 있다.

화분을 사려고 나는 어느 청인 화초상을 찾아갔다. 그때 도산은 월계화를 심은 백사기 화분 한 개를 가장 마음에 드는 듯 치켜들고 꽃과 잎사귀에 벌레 먹은 데는 없나 치밀하게 검사하고 난 뒤에 값을 물었다. 청인은 70전을 내라고 하였다. 도산은 50전을 받으라고 하였다. 청인은 65전으로 깎았다. 그래도 도산은 머리를 흔들었다. …… 화초상이 50전이라고 부르니까 그제야 비로소 돈을 꺼내어 샀다. 나는 곁에 섰다가,

"그건 왜 그리 깎으십니까? 웬만하면 사시지요."

그때 도산은,

"우리 쓰는 돈이 어떤 돈이길래 그러오."

한 마디 할 뿐이었다. 그 뒤 알고 보니 도산이 이 화분 한 개를 사려고 상해의 보강리와 남경로의 여러 화초상을 돌아다니며 값을 물어 두었다.

(안창호, 1994: 305)

도산은 흥사단 동지들의 성금으로 모아진 돈을 함부로 쓸 수가 없었던 것이다. 그래서 미리 화분 한 개의 값을 매기기 위해 여러 화초상을 돌아다니고 미리 알아본 가격에 합당한 물건을 샀다. 그 돈이 어떤 돈인지 알기에 도산은 화분 한 개도 지극한 정성으로 살 수밖에 없었다.

미국에서 도산의 생활은 늘 가난하였기 때문에 여러 가지 일을 하였다. 도산이 미국에서 '가든 워크'로 일할 때, 잔디의 정원을 마치 자기 정원의 풀을 깎는 것처럼 정성껏 깎았다. 도산의 일하는 솜씨에 감탄한 고용주는 30센트의 일당을 50센트로 올렸다. 또한 '하우스보이'로 있었을 때 자신이 직접 만든 걸레로 더러운 화장실을 깨끗하게 청소하였다. 이렇듯 도산은 다른 사람이 하찮다고 여기는 일조차 정성을 다하였다.

안창호의 삶을 들여다보면 외유내강의 모습이 떠오른다. 도산은 힘들 때 자신의 힘든 모습을 솔직하게 표현하였다. 고백하기 어려운 상황에서도 자기 자신의 내부에서 일어나는 감정을 동지들에게 진솔하게 표현한 사례들이 그렇다.

「1920년 5월 18일 상해에서 써 보낸 편지」
내 몸은 좀 건강하고 요즈음에는 일도 많고 근심도 많습니다. 우리 민족의 지식, 금전, 단결의 능력이 너무도 부족한 가운데 큰일을 지으려 하나 앞이 막막할 때가 많소이다.

(안병욱, 안창호, 김구, 이광수 외, 2004: 65)

그런데 나는 오늘에 할 일을 늘 못하는 것이 큰 한탄이외다. 시간이 부족한 관계로 못 하는 한도 있고 능력이 부족한 관계로, 물질의 부족으로 한함도 있으되 그중에 가장 크게 한탄할 그 관계는 나의 허위의 죄악 때문입니다. 오늘에 우리의 일이 우리의 생각대로 되지 못함을 한하다가

는 나의 죄를 스스로 책하는 그것을 막을 수 없습니다.[1]

(장리욱, 주요한, 1987: 133)

「의혹을 버리라」

그 의심하는 조건이 무엇인 줄 아십니까? 하나는 "안창호가 국민대표회를 주장하는 본의가 본시 대통령 될 야심이 있으므로 이승만을 몰아내고 자기가 대통령 되려는 계획이다."하는 일방의 의심입니다. 다른 하나는 "안창호가 이승만 위임 통치의 연루자이다. 그러므로 자기의 죄과를 옹호키 위하여 국민대표회를 열어 가지고 이승만 대통령을 절대 옹호하려고 한다."고 말하고 있습니다.

여러분은 국민대표회를 촉진하는 것이 옳다고 말하는 안창호의 마음이 어떠한 것인가를 의심하거나 겁내지 마십시오. 다만 국민대표회란 그 물건이 옳은가, 어떤가, 이익 될까, 해될까만 생각하십시오. 왜냐? 아까 국민대표회는 이동휘의 아들이나 딸만 모이지 않을 것이라는 말과 같이, 안창호의 뜻을 이루어 줄 사람만 모일 이치가 없는 것입니다.

안창호는 아무리 어리석더라도 각 방면의 대표는 안창호에게 대통령이나 총리나 시킬 사람만 오리라고 믿지 않습니다. 그러므로 그와 같은 희망은 가지고 있지 않습니다.

(안창호, 1994: 153)

---

1 1926년 1월호 『동광』 재인용.

도산은 「1920년 상해에서 동지들에게 쓴 편지」에서 우리 민족의 능력이 부족하여 독립운동이 막막하고 근심이 많음을 이야기하고 있다. 독립운동에 앞장서고 있는 도산으로서 이런 말을 하면 동지들의 사기가 떨어질 수도 있을 것이라는 생각 때문에 쉽게 이야기할 수 없었을 것이다. 1926년 1월호 『동광』 종합지에서는 시간이 부족하고 능력이 부족한 탓에 오늘 할 일을 다 하지 못하고 안타까워하는 도산의 마음이 잘 드러나 있다.

「의혹을 버리라」라는 연설을 할 당시 임시정부는 대통령 이승만과 국무총리 이동휘의 독립운동 방략의 차이로 내분에 휩싸이고 있었다. 그때 도산은 대통령직을 수행할 수 있도록 이승만을 중심으로 단결해 줄 것과 개인의 비난이 정부의 비난이 되어서는 안 된다고 호소하였다. 국민대표회의에서 도산은 임시정부를 그대로 '고수'하자는 의견을 내세워 '장차 독립운동을 계속할 것인가, 계속하지 않을 것인가, 만약 계속한다면 현 임시정부는 이를 존속하되, 다만 각원의 개조로 끝내고, 각 파와 단체를 통일하자.'고 주장하였다. 그로 인해 주위에서 도산을 "대통령이 될 야망으로 그런 발언을 하는 것이다." 혹은 "안창호가 이승만 위임 통치의 연루자이다. 그러므로 자기의 죄과를 옹호하기 위하여 국민대표회를 열어가지고 이승만 대통령을 절대 옹호하려고 한다."라고 말하면서 의심하는 사람이 많았다. 도산은 「의혹을 버리라」는 연설을 통해 나라를 위해 국민대표회가 필요하다는 자신의 입장을 분명히 밝히고 있다.

도산은 1937년 동우회 사건으로 흥사단 동지들과 함께 체포되어 대전 감옥에 투옥되었다. 그 당시 도산의 건강은 '간경화증 겸 만성기관지염 겸 위처짐증'으로 몸이 많이 쇠약해졌다. 선우훈 씨가 서울대학 병원 입원실로 임종을 앞둔 도산을 방문하였다. 도산은 선우훈 씨의 손을 잡고 이렇게 말하였다.

너무 슬퍼하지 마오. 부인과 이이들 평안하오? 이렇게 어려운 곳을 오니 참 반갑소. 내 홑이불을 들고 내 다리와 몸을 보오. 이렇게 되곤 사는 법이 없소. 나는 본래 심장병이 있는 중 대전 감옥에서 위까지 상한 몸으로 이번 다시 종로서 유치장에서 삼복 염천 좁은 방에 10여 명이 가득 누웠으니, 내 몸은 견딜 수가 없었소. 의사의 말이 나는 지금 일곱 가지 병이 생겼다고 하오. 지금 위가 상하고 치아가 빠졌고, 폐간이 상하고, 복막염, 피부염 모두 성한 곳이 없소. 그 종로서가 나를 이렇게 만들었소. 나는 지금 아무것도 먹지 못하니, 전신에 뼈만 남고 피가 말랐소. 나를 일으켜 안아 주시오.

(안병욱, 안창호, 김구, 이광수 외, 2004: 28-29)

도산은 온몸이 병투성이가 되고, 더운 여름에 감옥에서 견딜 수 없는 고통을 겪었다. 감옥의 간수들은 도산을 "더러운 자식"이라고 욕을 퍼부었을 정도였다. 왜냐하면 온몸에 일곱 가지 병이 들었기 때문이다. 이런 자신의 쇠약한 모습을 받아들이기가 힘들어서 자신을 찾아오는 동지들을 외면할 수도 있었다. 하지만 도산은 임종을 앞두고 있는 자신을 찾아온 선우훈 씨에게 자신이 느끼는 심정을 거짓 없이 진솔하게 표현하였다. 자신의 자존심을 내려놓고 한 인간으로 돌아가 지금 자신이 겪고 있는 고통에 대하여 진솔하게 호소한 것이다.

도산은 겸허한 사람이었다. 스스로 자신을 낮추고 자신의 마음을 비우는 태도로 자신의 유능함을 자랑하지 않았으며 뽐내는 일도 없었다. 도산은 그의 인격, 두뇌, 연설에서의 언변, 통솔력이 뛰어났다. 그중에서도 연설에서의 유능함은 모두에게 인정받았다. 남강은 평양에서 도산의 연설을 듣고 인생의 방향이 완전히 바뀌었다. "나라가 없고서 일가와 일신이 있을 수 없고, 민족이 천대를 받을 때에 나 혼자만 영광을 누릴 수가 없소." 하는 구절을 듣고 그는 도산과 면회하여 도산의 민족론, 교육론을 듣고는 그날로 상투를 자르고 고향으로 돌아와서 자기 주택과 서재의 공사를 중지하고 그 재목과 기와를 오산교 설립에 썼으니 이것이 오산학교의 기원이다(이광수, 1997).

이처럼 도산의 연설은 다른 사람의 인생까지도 바꾸는 힘이 있었지만 그는 항상 겸허한 자세를 잃지 않았다. 그저 묵묵히 앞에 나서지 않고 뒤에 서서 맡은 일을 겸손하게 행하였다. 아래의 예화를 통하여서 도산의 겸허한 마음을 살펴볼 수 있다.

처음 미국에 갔을 때 직접 동포들의 집을 방문하여 집안을 가꾸고 변소까지 청소해 주었다. 그런 그의 태도에 추호의 위선이나 가식이 없었기 때문에 동포들이 머지않아 곧 감화를 받게 되었던 것이다. 또 임시정부 결성을 위하여 상해에 도착했을 때 "나는 여러분의 머리가 되려고 하지 않습니다. 여러분을 섬기러 왔습니다."라고 했다.

(도산아카데미연구원, 2004: 34)

1919년 도산은 상해 임시정부의 노동 총판으로서 나랏일을 보았다. 모두 그를 대통령 대리의 후보자로 추천하였다. 도산은 그 자리를 끝내 사양하였다. 그러나 결국 도산을 대통령 대리로 선정하였다. 그때 도산은 이렇게 말했다.

"나는 잠시라도 대통령 대리의 명목을 띠고는 몸이 떨려서 시무할 수가 없소."

(안병욱, 안창호, 김구, 이광수 외, 2004: 20-21)

도산은 자신처럼 능력이 없고 인격이 모자란 사람이 대통령 대리의 자리에 앉게 되어 몸이 떨린다고 말하고 있다. 도산의 이런 말은 가식이 아니라 심중에 나 같은 부족한 자가 어떻게 그런 중책을 감당할 수 있을까? 하는 진심에서 우러나오는 말이었다. 도산이 뜻만 있다면 최고의 직위를 맡을 만큼 많은 이의 숭앙을 받고 있었으나 도산에게는 자리가 주는 명리를 도외시하는 인격과 아량이 충만했다. 사실 임시정부를 탄생시키고 그 기초를 완비시킨 사람들 중에 그 공을 평가하려면 도산을 먼저 손꼽아야 할 것이다. 미국을 떠날 때 자금을 지니고 임한 것, 연통제 조직, 독립신문 창간, 인화공작으로 중인을 포섭하는 것 등은 독립운동의 총본영인 임시정부뿐만 아니라 대외교섭에 있어서도 지대한 영향을 끼쳤다(김삼웅, 2013).

도산에게는 겸허의 자세가 몸에 배어 있었다. 그리하여 그는 무슨 일이 잘못되었을 때에 남을 원망하지 않고 자기 자신을 돌아보고 자신을 비우며 그 빈자리를 감사로 채워 나갔다. 도산은 나라가 망한 것에 대해 이렇게 말하였다. 조국을 망하게 한 것은 이완용만이 아니다. 나도 그 책임자다. 내가 곧 그 책임자다(흥사단 출판부, 1985). 나라가 망한 것에 대해 우리는 쉽게 이완용에게 그 책임을 돌리고, 힘이 없는 나라에 그 책임을 묻곤 한다. 그러나 도산은 자기를 스스로 낮추고 마음을 비워 그 책임은 오직 나에게 있다고 자각하였다. 그러므로 원망하고 책망할 사람도 바로 자신이라고 생각하여 항상 겸허한 자세로 감사할 뿐이었다.

　　도산은 자신에게 호의와 온정을 베풀어 준 사람들에 대해서 어떤 작은 것이라도 고마워하는 마음을 표현하고 싶어 했다. 1935년 가을, 그는 평양에서 서울로 올라오는 길에 평안남도 함종 지방에서 나는 밤을 가지고 왔다. 고가의 물건은 아니지만 자신에게 호의를 베풀었던 사람들을 찾아다니며 작은 선물을 전해 주었다. 같은 해에 도산은 고 유상규 의사의 아들들에게 조그마한 과수밭을 마련해 주었다. 도산은 동지 유 군이 자신을 향해서 갖는 그 정성 어린 섬김에 대해서 가슴 깊이 고맙게 느끼고 있었기 때문이다.

도산은 '본보기'라는 것을 심히 중요시하였다. 이론이 아무리 좋아도 그것은 실천되어서 한 '본보기'를 이루기 전에 널리 퍼질 방책이 생기지 못한다고 보았다. 학교 교육에 대한 천 마디 말보다도 본보기 학교 하나를 이루어 놓는 것이 요긴하니, 그리하면 사람들은 그것을 모방하려 하는 것이다. 도산은 인격 수련에 대하여서도 이 '본보기'라는 생각을 가지고 있었다. 우리 중에 하나 거짓 없는 사람이 생기면 거짓 없는 많은 사람이 생길 수 있다고 보았다. 그러므로 도산은 항상 말하기를 "나 하나를 건전 인격으로 만드는 것이 우리 민족을 건전하게 하는 유일한 길이다."라고 하였다. "나 하나만은 내 말을 듣지 아니하느냐. 내 말을 들을 수 있는 나를 먼저 새사람을 만들어 놓으라. 그러하면 내가 잠자코 있어서 나를 보고 남이 본을 받으리라."(이광수, 1997) 이러한 생각이었다.

질서와 정돈은 문명인의 자격이요 특색이다. 도산은 질서와 정돈을 대단히 중요하게 생각했다. 도산은 만년에 평양 부근에 있는 대보산 송태산장을 짓고 그 산장에서 사셨다. 송태산장은 언제나 맑고 깨끗하였다. 어느 날 도산은 그 마을 사람들의 결혼식에 초대를 받았다. 집안에 들어서니 문지방 앞에 여러 켤레의 신발이 아무렇게나 어지럽게 놓여 있었다. 도산은 그 신발을 하나하나 질서 있게 정돈을 하고, 방으로 들어갔다. 나중에 손님들이 밖으로 나올 때에 신발이 깨끗이 정돈되어 있는 것을 보고 깜짝 놀랐다. 누가 이렇게 정돈을 하였을까. 손님들은 도산 선생이 그렇게 한 것을 알고 마음속으로 감동을 했다. 도산은 이래라 말하기 전에 손수 모범과 본보기를 보여서 사람들로 하여금 스스로 깨닫게 했다.

(안병욱, 안창호, 김구, 이광수 외, 2004: 14)

도산이 상해에 흥사단소를 정하였을 때에 그는 넉넉지 못한 자기의 여비 중에서 커튼 화분 등을 사고 또 편안한 의자를 사들여서 단소를 아름답게 꾸몄다. …… 새로 입단한 단우들도 도산을 배워서 화분, 혹은 차구, 이 모양으로 가져오는 이가 있었다. 도산의 말 없는 모범이 효과를 나타낸 것이었다.

(안병욱, 안창호, 김구, 이광수 외, 2004: 357)

도산은 옳다고 보는 일, 또 해야 한다고 느끼는 일을 몸소 실행해서 모범을 보였다. 도산이 평양에 대성학교를 세우고 학생과 더불어 3년 미만의 짧은 시간을 보냈지만 거기서 수양한 청년들 중에서 많은 애국자, 올바로 살아 보겠다고 애쓰는 사람들이 배출되었다. 이것은 도산이 말만의 교훈이 아니라 생활로서 모범을 보여 주고 그들에게 산 교훈을 주었기 때문이다.

도산은 담소의 가치를 중하게 생각하고 오락은 인생의 양식이라고 보았다. 그러므로 흥사단과 같은 수양단체 대회의 절차에도 강론회, 운동회와 아울러 희락회를 정하였다. 각 사람은 남을 즐겁게 할 한두 가지 오락거리 재주를 닦아 둘 것을 도산은 청하였다. 그의 중국 사람 연설 흉내는 남을 웃기고 즐겁게 하기 위해 혼자 연구 연습한 것이었다. 단체생활에는 지를 모으고, 덕을 모으고, 재를 모으고, 일을 분담하는 모양으로 웃음과 기쁨도 분담하여 도와서 전체가 다 함께 크게 웃고 즐거워하자는 것이다(흥사단 출판부, 1985).

도산은 '화기 있고 온기 있는 민족'을 그리워하였다.

"왜 우리 사회는 이렇게 차오? 훈훈한 기운이 없소? 서로 사랑하는 마음으로 빙그레 웃는 세상을 만들어야 하겠소."(안병욱, 안창호, 김구, 이광수 외, 2004) 도산은 우리 민족이 서로 간에 시기, 질투와 미움이 많고 서로 사랑하며 서로를 존중하는 마음이 부족함을 한탄하면서 빙그레 웃는 것을 강조하였다. 도산은 '빙그레'라는 단어를 자주 좋아하였다. 송태산장 입구에 문을 세우고 '벙그레' 또는 '빙그레'라고 간판을 써 붙일 것을 말하고 있었다. 그것의 의미는 입구에 들어설 때에는 '벙그레 웃어라' 하는 뜻이었다. 사람이 많이 모이는 곳에 '벙그레' '빙그레'라고 좋은 모양과 좋은 글씨로 써 붙이고 또는 조각으로나 회화로도 벙그레 웃는 모양을 아름답게 만들어서 전국에 미소운동을 일으키는 것도 좋겠다고 말하였다. 마치 어린아이가 어머니를 보고 방그레 웃는 모습으로 근심이 없고 순수한 마음에서 나오는 미소를 뜻하는 것이다. 어린아이와 같은 순백의 미소가 바로 도산이 요구하는 것이다. 이 웃음을 실천하기 위해 도산은 부단히 노력하였다. 아래의 1921년 7월 1일, 상해 흥사단 단소 연설에서도 그것을 엿볼 수 있을 것이다.

끝으로 한마디 붙입니다만, 농담을 이해하고 즐기십시오. 그렇다고 너무 실없는 말이 방담이 아닙니다. 우리는 아프리카인에 가까운 행동을 배웁시다. 그들은 농담을 제일 즐깁니다.

(안창호, 1994: 161)

2. 가족에 대한 진정성

가정이란 인간에게 있어서 가장 기본이 되는 배움터라고 할 수 있다. 인간은 가정에서 태어나서 가족과의 관계를 통하여 어떻게 살아가야 할지를 배우게 되며, 나를 사랑하고 다른 사람을 사랑하는 방법을 배우게 된다. 도산은 행복한 가정을 이루는 데 꼭 필요한 것이 사랑이라고 보고 있다. 행복한 가정은 결국에 사회를 행복하게 하며 서로를 사랑하게 하는 바탕이 된다. 그에 대한 입장은 1933년 6월 1일 대전 감옥에서 아내에게 보낸 편지에 잘 나타나 있다.

> 사랑 이것이 인생의 밟아 나갈 최고 진리입니다. 인생의
> 모든 행복은 인류 간 화평에서 나오고 화평은 사랑에서 나
> 오는 때문입니다. 우리가 실지로 경험하여 본 바 어떤 가
> 정이나 그 가족들이 서로 사랑하면 화목하고 화목한 가정
> 은 행복의 가정입니다. 그와 같이 사랑이 있는 사회는 화
> 평의 행복을 누립니다. …… 내가 고요함을 공부할 생각만
> 하자는 동시에 이것을 당신에게 선물로 줄 마음이 있어서
> '사랑' 두 글자를 보내오니 당신은 당신의 사랑하는 남편
> 이 옥중에서 보내는 선물을 받으소서.
>
> (안병욱, 안창호, 김구, 이광수 외, 2004: 72)

도산은 "사랑이 없는 한국의 가정을 지옥과 같은 가
시밭길"(흥사단 출판부, 1985)이라고 표현하였다. 아래의
편지들을 살펴보면 일평생 멀리 떨어져 있어서 함께하
지 못하였던 가족에 대한 절절한 사랑과 미안함, 고마
운 마음 등이 잘 나타나 있다. 먼저 도산이 아내 이혜련
여사에게 보낸 편지들을 살펴보자.

「1908년 11월 20일 서울에서 보낸 편지」

나는 비록 자주 편지를 아니 하나 집안 소식을 알고자 하는 욕심이 간절하던 차에 그대의 편지를 받아 보니 얼마나 위로가 되나이다. 그동안에 그대는 몸도 괴로우거니와 마음이 편치 않고 답답클클 할 때가 많았을 터이지요.

지금 시대가 부부간 안락을 누릴 때가 못 되었사오니 그대는 생각을 널리하고 뜻을 활발히 하여 염려치 말고 안심하고, 공연히 적은 뜻을 이루지 못한다고 극탄하여 몸과 마음이 고생한 땅에 오래 머물지 않기를 간절히 바라나이다.

(안병욱, 안창호, 김구, 이광수 외, 2004: 64)

「1921년 7월 14일 상해에서 써 보낸 편지」

사랑하는 아내에게

옛날 로스앤젤레스 웨스트포트 스트리트에서 나는 사흘이나 말을 잘 안하였거니 당신이 손가방을 들고 나가겠다고 하던 것이 생각납니다. 이것을 생각할 때에 내가 어찌 혜련을 그같이 아프게 하였던고, 여북 마음이 아파서 그처럼 하였을까 합니다. …… 내가 잘 때에 당신은 나를 위해 자지 못하고 깊은 밤, 어두운 방에 들어와서 내 자리 옆에 섰던 것이 눈에 선하며 당신의 모든 사랑과 동정을 여러 가지로 기억합니다. 나를 위해 20여 년 충성을 다하여 온 당신에 대하여 사랑한다 만다 하는 것이 서투른 말이요, 부질없는 말일 뿐더러 도리어 유치한 듯합니다마는 간절한 생각이 가슴 속에 배회하는 때에 붓을 들고 글을 쓰다가 자연 부질없는 말을 쓰게 되었습니다.

(장리욱, 주요한, 1987: 266)

「1932년 5월 27일 체포된 뒤 상해에서 써 보낸 편지」

나의 사랑하는 아내 혜련

내가 일평생에 당신에게 위로와 기쁨을 준 것이 없었고 이제 느즈막에 와서 근심과 슬픔의 재료를 주게 되오니 당신을 대하여 미안함이 끝이 없습니다. 당신뿐 아니라 당신 이외에 나를 위하여 우려하는 여러분을 향하여 더욱 미안합니다.

(안병욱, 안창호, 김구, 이광수 외, 2004: 67)

「1933년 6월 1일 대전 감옥에서 써 보낸 편지」

이왕에도 말하였거니와 내가 평생에 당신에게 기쁨과 위안을 줌이 없었고 이제 느즈막에 와서는 근심과 슬픔을 주게 되오니 불안한 마음을 측량할 수 없습니다. 더욱이 가사와 아이들에 대한 모든 시름을 내가 조용한 곳에 홀로 있어 평소에 그릇한 여러 가지 허물을 생각하고 한탄하는 중에 남편의 직분과 아비의 직분을 다하지 못한 것이 또한 스스로 책망하는 조건입니다.

(안병욱, 안창호, 김구, 이광수 외, 2004: 69)

「1932년 1월 16일 상해에서 써 보낸 편지」

나의 사랑하는 아내

당신이 친수로 써 보낸 편지를 받아 읽으니 반가운 생각이 있는 동시에 슬픈 마음도 많습니다. 나는 남편의 직분 아비의 직분을 다하지 못하여 아내와 자식들을 고생시키는 것을 생각하면 마음이 심히 괴롭습니다. 필선까지 공부를 못한다니 더욱이 괴롭고 부끄럽소이다. 나는 당신을 무엇으로 위로할는지 생각이 막연합니다. 내가 일찍 우리 민족에게 몸을 바치고 일하노라고 집을 돌보지 아니하였으나 민족에게 크게 공헌한 것이 없으니 두루 생각할수록 죄송한 것뿐입니다.

(안병욱, 안창호, 김구, 이광수 외, 2004: 66)

오! 혜련! 나를 충심으로 사랑하는 혜련, 나를 얼마나 기다리십니까. 나는 당신을 보고 싶은 생각이 더욱 간절하옵니다. 내 얼굴에 주름은 조금씩 늘고 머리에 흰 털은 날로 더 많아집니다. 이처럼 늙어 가므로 철이 드노라고 이런지 전날보담 당신을 사모하고 생각하는 정이 더욱 간절하옵니다. 이왕에는 당신의 부족한 것이 많이 기억되더니 지금은 그 반대로 당신의 옳은 것을 기억하고 나의 부족한 것이 많이 생각됩니다.

(장리욱, 주요한, 1987: 37-38)

도산은 편지를 통해서 항상 아내를 사랑하고 있음을 표현하였고, 세월이 흘러갈수록 그 사랑이 더욱 깊어가며 자신이 아내에게 부족한 것이 너무 많음을 회고하게 된다. 도산은 동지들이 모인 자리에서 그 가족에 대한 심경을 토로하기도 했다. "평생 아내에게 저고리 한 채, 치마 한 감을 사줘 보지 못한 부족한 남편이다. 또한 아들, 딸에게 공책 한 권이나 연필 한 자루도 사줘 보지 못한 부족한 아비구나." 하고 남편으로서, 또 어버이로서 그 가슴속에 사무쳐 있는 뜨거운 사랑을 내보인 것이다. 도산이 만일 어떤 '영웅적 기상'을 갖고 가정에 대한 문제를 민족을 위한다는 사업에 비겨, 정말 대수롭지 않은 것이라고 느낄 수 있었다면 이것은 그에게 오히려 다행일지도 모른다. 그러나 그는 그런 유형의 영웅이 되기에는 너무도 섬세한 감정의 소유자였다. 결과적으로 볼 때 그는 그 가족을 푸대접한 것이라고 해도 그는 물론 변명하려 하지 않을 것이다. 또 어느 누군가 어떤 가혹한 평을 더한대도 또 무슨 불평이 들려와도 그는 이 모든 것을 묵묵히 감수할 것이다. 그리고 어느 한 번도 충분히 표현시켜 보지 못한 가족에 대한 그 애정을 깊이 가슴속에 간직하고 있었을 것이다(장리욱, 2014).

다음으로 자녀에 대한 생각이 담긴 편지를 살펴보고자 한다. 도산은 항상 아내에게 자녀교육을 맡겨 둔 것에 대해서 미안하게 생각하였다. 도산은 가족생활에서 이루어지는 자녀의 교양과 인격 훈련이 사회에 큰 영향을 미친다는 것을 깨달았다. 그래서 아버지로서의 책임을 다하기 위해 편지를 통해서라도 자녀에게 교육하고자 노력하였다.

「1920년 8월 3일 홍콩에서 써 보낸 편지」

나의 사랑하는 아들 필립

어머님의 편지를 본즉 네가 넘어져 팔이 상하였다 하니 매우 놀랍고 걱정된다. 네 팔이 곧 낫는 대로 내게 알리어 달라. 네가 소학교에서 중학교 1반을 마친 것을 기뻐하노라. …… 내 아들 필립아, 이왕에도 말하였거니와 너는 나이 점점 많고 키가 자라 몸이 굵어지나 전날 나이 어리고 몸이 적을 때보다 스스로 좋은 사람 되기를 힘쓸 줄 아노라. 내 눈으로 네가 스스로 좋은 사람 되려고 힘쓰는 모양을 매우 보고 싶다. 너의 근본 성품이 속이지 않고 거짓말 아니 하고 진실하니 이런 때문에 다른 사람들보다 좋은 사람 되기가 쉬우리라고 생각한다.

(안병욱, 안창호, 김구, 이광수 외, 2004: 65)

「1921년 7월 14일 상해에서 써 보낸 편지」

지금은 아이들을 교육함에 가장 중요한 시기인데 나는 집에 있지 못하고 당신에게만 맡겼으니 미안합니다. 그것들이 앞날에 잘못되면 그 허물이 그것들한테 있지 않고 나에게 큰 책망이 있겠나이다. …… 당신의 정중하고 다정한 교훈과 몸소 행하는 모범으로 잘 인도하여 그것들이 다 성실하고 깨끗하고 부지런하고 규모를 좋아하게 하고 더욱

이 다른 사람에게 동정하고 사회를 사랑하여 돕는 습관을 길러 주소서. 나는 자식 기르는 도가 중함을 알고 그 도를 바로 실행하기가 어려운 줄을 아옵니다. 당신은 정성을 다하고 힘을 다하여 그것들로 하여금 이 아비보다 나은 사람이 되게 하소서.

(장리욱, 주요한, 1987: 36)

도산은 맏이 필립에 대한 감정이 남달랐다. 도산이 로스앤젤레스의 근방의 리버사이드에서 살았던 때, 이런 일이 있었다. 필립은 친구네 집에 놀러 가면서 곧 돌아온다고 약속을 했지만 노는 데 열중하여 아주 늦게야 돌아왔다. 도산은 약속을 어기고 돌아온 아들에게 이렇게 말하였다. "너는 왜 약속을 어기고 늦게 왔느냐, 자기가 한 일을 잘못했다고 생각하지 않느냐." 아들 필립이 자신의 잘못을 인정하지 않자 필립이 잘못했다고 말할 때까지 종아리를 때렸다. 그는 약속을 어기는 것을 가장 싫어했으며 어린 아들에게 사람은 약속을 지켜야 한다는 것을 뼈저리게 가르치기 위해서 이렇게 엄하게 교육한 것이다.

또한 도산은 아들의 꿈과 하고 싶은 일에 대하여 존중하는 태도를 가지고 있었다. 필립 군이 중학을 졸업하고 영화계에 진출하고 싶다는 뜻을 밝혔다. 그때 도산을 아끼고 존경하는 동지와 친구들 가운데는 필립 군이 영화계에 진출하는 데 대해서 무척 걱정하고 또 못마땅하게 여겼던 것이다. 도산의 이름을 얼마라도 흐려지게 할 것이라고 생각했기 때문이다. 그러나 도산은 적당한 시일이 지나간 다음에야 필립 군을 불러 앉히고 이런 내용의 말을 해 주었다(장리욱, 2014).

나는 네가 영화계에 나가는 것을 반대하지 않는다. 네가 이 방면에 대한 소질과 또 취미를 갖고 있는 것을 나는 잘 안다. 오직 진실한 인물이 되고 또 최선을 다해서 잘하라는 것이 나의 부탁이다.

(장리욱, 주요한, 1987: 41)

도산은 아들을 사랑하고 그의 의견을 존중하기에 동지와 친구들의 반대에도 불구하고 영화계에 나가는 것을 반대하지 않았다. 그 무렵 도산의 이해와 조언이 없었더라면 필립은 자신의 꿈을 찾아가기 어려웠을 것이다. 오늘날 필립 군은 최초의 한국인 영화배우로 미국 영화계, 또 TV 방송계에 있어서 커다란 자리를 차지하고 있다.

3. 동지에 대한 진정성

도산에게서 특별히 주목할 것은 동지애에 대한 태도이다. 도산의 동지애는 네 것 내 것이 없고 죽어도 같이 죽고 살아도 같이 살자는 이러한 의형제적 사랑을 말하는 것이 아니다. 동지애는 상호의 신뢰와 존경의 감정을 기초로 한 담담한 애정이다. 떠나 있어도 서로 믿고 든든하고, 만나면 반갑고 마음 놓이는 그런 사랑이다. 그러므로 이것은 열정이 아니요 정조이다. 언제나 반갑고 언제나 미덥고 평생에 같은 이상을 향하여 같은 수양을 한다는 이 대견한 생각이 바로 동지애이다(안병욱, 안창호, 김구, 이광수 외, 2004).

이런 도산의 동지애는 차별이 없었다. 나이가 많거나 어리거나, 귀하거나 천하거나, 부하거나 가난하거나, 남자이거나 여자이거나 어떤 민족이든지 차별 없이 항상 한결같은 마음으로 사랑을 나누었다. 동지애가 잘 나타나 있는 일화를 살펴보자.

안태국이 병으로 죽을 때 헌신적 간호와 후한 장례, 비통해하는 모습으로 주위 사람들을 감동시켰고 동지 윤현진이 병으로 죽을 때도 자기의 주머니를 털어서 치료에 전력을 다했다. 그리고 여운형이 러시아 여행 중 그 처자의 생계가 곤란하다는 말을 전해 듣고 여러 달 동안 생활비를 보냈다고 한다. 그때 도산은 여운형과 전혀 만난 적도 없을 때였다.

(도산아카데미연구원, 2004: 173)

도산 내외가 저축한 돈이 천 달러쯤 되었을 때에 도산은 심히 불행한 기별을 들었다. 그것은 추정 이갑이 러시아 수도에서 다친 엄지손가락의 신경 마비가 전신불수로 화하여 미국에 오려다가 뉴요크에서 상륙 거절을 당하고 시베리아로 돌아가 병으로 눕게 되었다는 것이다. 우정이 두

터운 도산은 병석에 누운 동지를 위하여 울었다. ……도산이 보낸 일금 천 불을 받은 추정은 소리를 내고 울었다 함은 추정 자신이 술회하였거니와 울 만도 한 일이었다. 도산은 추정 이갑의 쾌유를 빌면서 얼마 동안 노동에 종사하였다.

(흥사단 출판부, 1985: 62-63)

내가 다른 때보다 더욱 오늘은 한국 부인을 존경하고 사랑하는 마음이 많습니다. 한국 여자는 본래 그 절조가 세계 중 가장 높고 굳어 가장 존경을 받을 만하였습니다.

(안창호, 1994: 47)

대전 감옥에서 출옥하여 그는 어떤 일본 순사를 찾았다. 그 순사는 도산이 경기도 경찰부에 유치되어 있을 때에 간수 구실을 하던 사람이다. 이 순사는 제가 차례가 되는 날이면 도산을 밤에 불러내어 산보도 시키고, 별 구경도 시켰고, 또 도산에게 냉면을 대접한 일이 있다고 한다.

그러나 도산이 4년이나 감옥에 있는 동안에 그 순사는 벌써 경찰부를 떠났다. 이삼일이나 두루 찾아서 그의 주소를 알아 가지고는 도산은 과자 한 상자를 가지고 그 집을 찾아갔다. 이 순사는 도산이 운명하기 바로 4, 5시간 전에

도 대학병원의 병실을 찾아와서 담화를 하였고, 도산의 영
구 앞에 와서는 울고 분향하였다고 한다.

(이광수, 1997: 279)

도산은 동지들이 어려운 형편에 처했을 때 동지를 사
랑하는 마음을 실천하려고 노력하며 한평생을 살아갔
다. 자신의 형편과 처지보다 동지들의 형편과 처지를
먼저 생각하였던 것이다. 도산이 송태산장을 지을 때
고려 시대의 유물인 붉은 기와가 여러 종류 나왔다. 도
산은 미에 대해 남다른 감각과 취미를 가지고 있어 그
중에 아름다운 것을 보기 좋게 장식해서 책상 위에 놓
고 그것을 늘 즐겼다. 흥사단 단우인 김선량 씨가 송태
산장에 머물렀을 때 도산의 책상 위에 놓여 있는 꽃무
늬 와당을 보고 퍽 마음에 들어 했다. 그래서 도산은 김
선량에게 그것을 가져가라고 했다. 그때 김 군은 책상
위에 있던 2개의 와당을 모두 가져가려고 했다. 도산은
한 개는 남겨 놓고 가져가라고 하였다. 도산은 가까운
후배에게 두 개의 와당을 주지 못한 것이 금방 후회되

어 소포로 그것을 보냈다. 후배에게 주기를 아까워하는 마음을 돌이켜 자신이 늘 주장하던 사랑을 베푼 것이었다. 이 작은 사건 속에서 주변에 있는 동지들에 대한 도산의 사랑과 인간 도산의 적나라한 모습이 잘 나타나 있다.

도산은 누군가 찾아오거나 만나는 사람에게 최대한 공손하게 또 친절하게 대하였다. 찾아온 사람이 무슨 문제로 가르침을 청하기 전에는 도산은 결코 훈계하거나 충고하는 말을 하지 아니하였다. 또 아무리 어리석은 말이라도 끝까지 다 들었고 남이 말하는 중간에 끊는 일이 없었다. 도산은 모든 사람의 개성을 존중하였다. 누구나의 처지에 대하여 이해하고 있었기 때문에 핀잔을 주는 일이 없었다. 비록 어린 사람이라도 하고자 하는 말을 다할 기회를 주었다. 남이 하는 말에 대하여서 그는 경청하는 태도를 취하였다. 그러다가 남이 하는 말을 다 들은 뒤에 도산 자신의 의견을 말하였다. 그때에는 성의를 다하여 진실한 의견을 말하였고 조금도 저편의 뜻을 받아들여 비위를 맞추는 일은 없었다. 안 될 일은 안 된다고 하고 아니 믿는 말은 아니 믿노라고 바로 말하였다. '글쎄' 같은 어중간한 태도를 나타내는 말을 쓰는 일은 없었다. 그의 말은 언제나 분명하게 긍정이거나 부정이었다. 도산을 찾아왔던 사람은 반드시 무엇을 얻어 가지고 갔다. 충고도 훈계도 없었건만 담화 중에 언제인 줄 모르게 듣는 자에게 무슨 소득을 주어서 한 번 도산을 만나고 나면 뒤에 잊히지 않는 무엇이 남았다. 그것은 사람을 사랑하고 존중하는 도산의 인간관에서부터 비롯된 것이었다. 다음의 「합동과 분리」 연설문은 각 개인은 각각 자기의 의견을 존중하는 동시에 남의 의견을 존중해야 함을 말하고 있다.

그러므로 각 개인은 각각 자기의 의견을 존중하는 동시에 남의 의견을 존중해야 합니다. 비록 어떤 의견이 사사로운 감정으로 자기와 좋지 못한 개인에게서 나온 것이라 하더라도, 그 의견이 민족 사회에 이롭다고 생각되면 그 의견을 취하여 자기의 의견을 만들기를 즐겁게 해야 할 것입니다. 다시 말하면, 자기가 진정한 주인인 책임을 가지고 실지로 방침과 계획을 세워 보았던 사람이기 때문에 제 의견, 남의 의견 가릴 것이 없이 제일 좋은 의견이면 취하는 것입니다.

(안창호, 1994: 199)

나의 견해와는 전혀 다를 뿐 아니라 또 누가 들어도 돼먹지 않은 이론을 장광설로 벌이고 있는 것을 침착하게 경청하기란 어려운 일 가운데 어려운 일이다. 보통 흔히 볼 수 있는 광경이라면 "여보, 좀 치워 버리소." 하고 그 입을 막아 버리거나 그렇지도 못할 경우라면 "참, 별꼴 다 보겠네." 하고 그 자리에서 떠나 버릴 것이다. 그러나 이러한 자리에 있어서 도산이 그런 이야기일 망정 끝까지 정녕하게 듣고 있는 모습은 거기 참석한 다른 사람들이 민망함을 느낄 정도다. 이것은 도산이 누구의 말을 그저 경청한다는 시늉을 하는 것이 아니다.

(장리욱, 주요한, 1987: 24)

도산은 자기 자신에게뿐만 아니라 자신의 감정을 동지들에게도 진솔하게 보여 주었다. 개인 비서인 김모 군과 유모 군 두 청년들이 항상 자신과 함께 있기에 자

신의 부족함을 배우게 될까 염려하는 마음이 다음 편지
에 잘 나타나 있다.

내가 상해로 온 처음부터 양 군이 나를 도울 때, 어떠한
비밀 어떠한 일을 물론하고 다 같이 아는 바라, 양 군이 나
를 도움이 어떠한 희망을 위함이 아니라, 나를 도움이 한
국의 국사를 돕자고 노력하는 바이니 감사하노라. 이제 내
가 어떤 물질로써 주지 못하니 다만 정신으로써 양 군에게
주노라. 양 군이 이제 새 결심을 가지고 수양하여 전진할
바, 나와 항상 밀접히 서로 만나므로 혹 나의 부족한 것을
본받을까 염려하노라. 나와 상종이 드문 이는 나로 인하
여 수양이 득중하나 이와 반대로 밀접히 상종하므로 나의
단처가 없기 어려운즉, 나의 단처에 대하여 극히 수양하는
데 주의하라.

(장리욱, 주요한, 1987: 276)

도산이 홍십자 병원에 입원하게 되었을 때 도산이 원
하는 사람만 접근시키려는 음모라는 오해와 중상이 일
어났다. 그때 도산의 동지마저 도산을 오해하여 도산
은 그의 손을 붙잡고 울었다고 한다. 다음 일화에는 도

산이 그동안 받은 오해로 인해 속상한 마음이 투명하게
잘 표현되고 있다.

도산이 홍십자 병원에 입원하게 되었을 때 충고와 설득
이 필요해서 찾아오는 손님들이 너무 많았다. 도산은 병원
에 입원함과 동시에 외국 손님이라도 맞을 수 있는 정도의
양복 차림까지 갖췄다. 그때 찾아온 손님들을 모두 면회하
기 어려워 비서를 통해서 중요한 용무를 가진 방문객을 우
선적으로 면회하는 규례가 마련되었다.

결국 옛날 동지마저 도산을 오해한 양 지금 국내 동포들
이 원수의 총칼 아래 살육을 당하는 이때 양복과 사무실이
다 뭐냐 하는 감상적 이유를 들면서 다시 중국복 차림을
고집하는 사태를 당면해서 도산은 그의 손을 붙잡고 울었
다고 한다.

(장리욱, 주요한, 1987: 45)

도산은 있는 그대로를 수용하는 자세가 몸에 배어 있
었다. 도산은 자신의 이론만 옳다고 괴변을 늘어놓는
사람의 말도 중간에 끊어 버리지 않고 끝까지 기울여서
듣는다. 1925년 도산이 세 번째 미주에 갔을 때 그전과

마찬가지로 많은 교포들을 만나 독립의 방략에 대하여 의견을 나누었다. 어느 날 시카고에서 정한경 박사와 이러한 논의를 하였는데 그날 밤 자정을 넘어 8~9시간이 걸렸다. 만일 그 어느 한편이 자기의 의견만을 주장하고 고집하고 상대방이 그것을 무시하였다면 30분을 넘기지 못하고 끝이 났을 것이다. 도산은 이처럼 상대방의 의견에 대하여 늘 수용하고자 하는 열린 자세를 가지고 있었다.

아래 일화를 통해 도산의 수용하는 자세를 살펴보자. 도산은 지도자로 앞에서 이끌어 가는 선봉의 자리에 서 있었다. 선봉의 자리라는 것은 동지의 지지를 받기도 하지만 오해를 받기도 하며 비평을 받기도 하였다. 도산은 이 선봉의 자리의 장단점을 그대로 수용하였기에 고향 출신 젊은이가 자신을 비판하는 글을 신문에 실었을 때도 침묵하였다. 또한 도산에 대해 극단적으로 오해를 하여 죽여 버리겠다는 교포를 직접 찾아가기도 하였다. 그 교포와 대화를 하면서 모든 오해는 없어지고 도리어 가까운 친구가 되었다는 일화에는 도산의 진정성이 잘 나타나 있다.

도산이 마지막으로 투옥되기 얼마 전 그 후 좌경했다고 평을 받은 어떤 젊은 친구가 도산에 대해서 비웃는 글을 써서 어느 일간 신문에 실린 일이 있었다. 그는 공교롭게도 도산의 고향 출신이기도 했다. 이때 도산을 가까이 모신 사람들 가운데는 이에 대한 해명 혹은 반박이 있어야 한다고 서두른 이도 많았다. 그러나 이 글이나 또 이 글 주인공에 대하여 도산의 어떤 발언을 들어 본 사람은 없다.

(장리욱, 주요한, 1987: 65)

일찍이 미국에 건너간 우리 교포 사이에 있어서는 일부 도산을 중상하고 또 오해하는 사람이 없지 않았다. '이놈을 죽여 버려야지' 하고 자기에게 대해서 극단으로 오해를 가진 교포가 있다는 소식을 도산은 전해 들었다. 도산은 자기에게 이런 정도까지 악감정을 가진 사람이라면 그는 오히려 소박하고 순수한 사람일 것을 믿었다. 오직 어떤 불순한 사람의 중상하는 말을 지금 칼을 품고 자기를 어디서든지 만나기만 해 봐라 하고 벼르고 있을지도 모르는 교포를 찾아갔다. 10분, 20분 이야기하는 동안 모든 오해는 일소되고 피차에 가까운 친구가 되어 버렸다.

(장리욱, 주요한, 1987: 19)

실제 그 시절에 있어서 소위 친일파라고 지칭되던 사람들의 본심을 똑바로 파악할 수 있는 사람은 오직 도산이었다고 해도 과언이 아니다. 일견 총독 정치에 협력하고 지내는 표면 행동과 달리 그들 가슴속에 깃들어 있는 조선을 사랑하는 마음을 불안감 없이 피력할 수 있는 사람이 바로 도산이었다. 그들은 도산만은 자신들을 이해하고 또 동정해 주리라는 것을 분명히 믿었다. 아닌 게 아니라 도산은 이 시절에 있어서 어느 동포를 가리켜 친일파라 부르고 그래서 싫어하거나 멀리한 일이 없었다. 그들의 직업이 무엇이든 중추원 참의거나 군수거나 순사거나 또 그들의 표면 언동이 어떻거나 도산은 그네를 가슴속에 살아 있는 동포로서 사랑하고 아꼈다. 그 당시에는 조선이 일본인 양, 그리고 조선 사람은 친일파인 양 행세하고 사는 것이 여러 가지로 편리한 길이었다. 그러나 도산은 표면에 나타나고 있는 이러한 사회상 근저에 조선을 사랑하는 마음이 도도히 흐르고 있다는 사실을 굳게 믿었다(장리욱, 주요한, 1987: 52).

도산의 수용은 한계가 없었다. 있는 그대로를 받아들이는 데 있어서 친일파이기 때문이라는 한계를 두지 않았다. 그 한계는 사람을 있는 그대로 받아들일 수 없게 하므로 아주 위험한 것이다. 도산은 사람들이 손가락질하는 친일파도 우리 동포이기 때문에 있는 그대로를 사랑하고 아낄 수 있었다. 이러한 수용은 남을 긍휼히 여기는 마음이 있을 때 이루어진다. 긍휼히 여기는 마음은 포용심을 가져오고 겸손한 마음으로 상대방을 있는 그대로 수용할 수 있게 해 준다. 도산의 긍휼에 대한 생각이 『동광』 1926년 12월호 「오늘의 대한학생」에 나타나 있다. 대한 학생은 대한 사람으로 태어난 사람을 가리키는 말로, 대한 사람이라면 내 동지를 위하여 긍휼히 여기는 마음을 가지고, 서로 탓하며 저주하는 것이 아니라 포용해야 함을 말하고 있다.

둘째, 긍휼히 여기는 정신을 길러야겠습니다. 학생에게

있어서 이 정신이 더욱 필요합니다. 학생이 되어서 무엇을 좀 안 후에는 교만한 마음이 생기어서 자기만큼 모르는 자가의 부형이나 이웃 사람, 존장에게 대하여 멸시하는 맘이 생기고 따라서 제 민족을 무시하게 됩니다. 그 결과 동족을 저주하고 질시하고 상관하지 않으려 합니다. 나만 못한 사람을 무시할 것이 아니라 긍휼히 여겨야 옳습니다. 남의 잘못하는 것을 볼 때에 저주할 것이 아니라 포용심을 가져야 하겠습니다. 긍휼히 여기는 마음이 없으면 내 동족을 위하여 헌신적으로 힘쓸 마음이 나지 않습니다.[2]

(장리욱, 주요한, 1987: 147)

도산은 신의를 자신의 목숨처럼 중요하게 생각하였다. 한번 약속한 것에 대해서는 절대로 신의를 저버리지 않으며 지키려고 하였다. 상대방에 대한 믿음과 의리를 인간관계에서 없어서는 안 될 덕목이라고 생각하였다. 아래 일화는 그러한 도산의 신념이 잘 나타나 있다. 어린 소년과의 약속을 지키는 것이 도산의 생활신조요 행동원칙이었다. 비록 자신이 경찰에 붙들려서 재

---

2 『동광』 1926년 12월호 재인용.

판을 받고 옥고를 치르게 된다 할지라도 도산은 신의를 선택하였을 것이다.

어느 날 한 소년이 소년단의 5월 행사에 돈이 필요하다고 도산에게 도와 달라고 했다. 도산은 그때 몸에 돈을 가진 것이 없었다. 그래서 4월 26일에 돈을 갖다 주겠다고 약속을 했다.

도산은 그 어린 소년과의 약속을 지키기 위하여 그날 돈을 준비해 가지고 그 소년의 집을 찾아갔다.

그날은 바로 독립투사 김구 선생님의 지도를 받고 윤봉길 의사가 상해 홍구 공원에서 일본 백천 대장에게 폭탄을 던지는 의거를 일으킨 날이다. 일본 경찰은 독립운동을 하는 한국지사들을 체포하기 위해 여러 곳곳에 몰려 잠복을 하고 있었다. 도산은 그 소년에게 돈을 주기로 한 약속을 지키기 위해서 그날 소년의 집에 갔다가 그 집에 잠복한 경찰에게 붙들려서 한국으로 압송되어 재판을 받고 대전에서 3년 반의 옥고를 치르게 된 것이다.

(안병욱, 안창호, 김구, 이광수 외, 2004: 11-12)

4. 나라에 대한 진정성

도산은 나라에 대해서 항상 자긍심을 가지고 있었으며 우리 민족은 우수하다고 생각하였다. 다만 오늘의 불행은 신문화를 일찍 받아들이지 못한 것에 있다고 주장하였다. 도산은 그 평생을 통해서 겨레의 문제에 관해서라면 어느 한 번도 절망과 낙심의 뜻이 포함된 발언을 해 본 일이 없다. 무엇이나 제 뜻대로 되지 않은 경우 흔히 민족성을 탓하고 저주까지 하는 인간은 적지 않다. 그러나 도산에게로부터 이런 의미의 표현을 들어 본 사람은 없을 것이다. 도산에게 있어 조선 민족이 영 없어지고 만다는 것은 믿을 수 없고 또 있을 수도 없는 일이다. 민족을 사랑하는 그 마음은 이것을 용납하지 않는다. 이것은 마치 곧 숨을 거둘 거라는 선고를 받은 아이의 어머니가 자기 아이는 결코 죽지 않을 거라고 고집하는 것과 흡사한 마음이다.

민족과 겨레를 아끼고 사랑하는 그 심정을 도산은 '나

의 사랑 한반도야'라고 표현하였다. 사랑하는 고국을 이별하는 순간 이것은 분명 슬픈 하소연의 소리가 되기도 했다. 어쨌거나 그는 이렇게 표현하며 조국과 겨레에 대한 신념을 굽히지 않았다. 그의 일생은 지조와 용기와 희생과 인내로서 빛나거니와 이것은 오로지 겨레에 대한 신념이 끊어지지 않고서만 있을 수 있는 정조이다(장리욱, 2014). 도산의 나라에 대한 사랑은 독립운동으로 이어졌다. 아래의 일화에서 그의 놀라운 민족혼과 독립정신을 엿볼 수 있다.

　　도산은 3년 반의 옥고를 치르고 대전 교도소에서 나왔다. 그때 일본 경찰은 도산에게 물었다.
　　"자유의 몸이 되면, 또 독립운동을 할 생각입니까?"
　　그때 도산은 일본 경찰에게 늠름한 모습, 당당한 자세로 이렇게 대답을 했다.
　　"나는 밥을 먹어도 대한의 독립을 위해서, 잠을 자도 대한의 독립을 위해서 했다. 내게 목숨이 붙어 있는 한 나는 독립운동을 하겠다."

(안병욱, 안창호, 김구, 이광수 외, 2004: 13)

그가 대전 출옥 후에 혹은 지방 순회를 하고, 혹은 모범촌 용지를 탐사하는 양을 보고 어떤 이름 없는 여성이 도산에게 편지를 보내어서

"선생님은 세상에 나오시지 마시고 가만히 산중에 숨어 계셔서 감자나 파 잡수시고 깨끗이 일생을 마치어 주시옵소서. 선생님의 명성이 더렵혀질까 근심하나이다."

하고 그의 은둔을 권하였다. 이 여성의 간절한 애정에 대하여 도산은 깊이 감격하면서 이렇게 말하였다.

"은둔하는 것이 내 일신으로 보면 가장 편안한 일이오. 내 쇠약한 건강 상태로 보아서도 그러하지만 내 심신에 아직 활동할 기력이 남아 있고, 우리 민족의 현상이 우려할 형편에 있는 이때에 제 일신의 편안이나 명성을 위하여 가만히 있을 수는 없습니다."

(안병욱, 안창호, 김구, 이광수 외, 2004: 359)

도산은 낙심하는 동지들을 희망과 용기로써 격려하곤 했다.

그는 운명하기 며칠 전에 자기를 방문한 선우 씨에게 이렇게 말했다.

"일본은 자기 힘에 지나치는 큰 전쟁을 시작하였으니 필경 이 전쟁으로 인하여 패망하오. 아무런 곤란이 있더라도 인내하시오."

일본의 실력이 크며, 한국은 일제의 지배하에 사는 도리밖에 없다고 낙망하는 사람에게 대해서 도산은 항상 이렇게 말했다.

"한 민족의 운명이 그렇게 간단히 처리되는 것이 아니요. 나는 국난을 돌파할 수 있다고 믿소. 나는 민족 문제에 대해서 낙심하지 않소."

(안병욱, 안창호, 김구, 이광수 외, 2004: 31)

도산에게 그 어떠한 것도 나라를 향한 사랑과 독립에 대한 집념을 끊을 수는 없었다. 옥고를 치르고 난 직후 심신이 모두 약해 있었겠지만 도산의 마음에는 오직 나라에 대한 사랑만이 가득 차 있었다. 또한 국민대표회에 대한 의심을 받고 있었을 때도 그는 오로지 독립운동에 대하여 힘껏 노력할 것을 1921년 5월 12일과 17일에 행한 시국 강연에서 주장하였다.

세상은 나에 대하여 여러 방면으로 의심과 주목이 있지

만 나 스스로가 생각하는 오늘 이후의 행동은 다음과 같습니다. 나는 독립운동에 대하여 힘껏 노력할 것입니다. 내가 직접 군사 운동을 행할 자격자가 못 되므로 직접 군사운동의 책임자는 되지 못합니다. 그래서 누가 군사운동의 책임자가 되든지 나는 그를 후원하여 군사운동을 도와주고, 또한 그 밖의 외교나 재정 운동과 모든 운동에 대해서도 나의 가능한 한도 안에서 원조할 것입니다.

(안창호, 1994: 153)

도산은 동포에게 고하는 글 중 「주인인가, 나그네인가」를 통하여 나라를 사랑하는 마음을 진정으로 표현하기 위해서는 주인의식을 가져야 함을 주장하고 있다. 우리 민족의 참 주인이 되는 것은 나라에 대한 책임감이 있어야 하며 책임감이 없는 자는 나그네라고 말하고 있다. 도산 자신부터 나라에 대하여 책임감을 가지고 주인의식을 가지고 실천해 나갔다. 「우리 민족 사회에 대하여 불평시하는가, 측은시하는가」라는 글에서 우리 사회에 불평시하는 태도가 날로 높아 가는 것이 우리의 큰 위험이라고 말하고 있다. 이러한 불평시하는 마음은 나라에 대한 사랑이 없기 때문이다. 사랑하는 마음은 우리 민족을 측은하게 여기는 마음을 불러일으킨다. 우리 민족이 아무리 못나고 약하다 해도 사람의 본연한 정으로 측은하게 여길 수 있는 것이다. 측은시하게 되면 나라를 건질 마음이 생기고 도와줄 마음이 생겨 나라에 대한 열정이 더욱 생기게 된다는 것이다.

묻노니 여러분이시여, 오늘 대한 사회에 주인 되는 이가 얼마나 됩니까? 대한 사람은 물론 다 대한 사회의 주인인데, 주인이 얼마나 되는가 하고 묻는 것이 이상스럽습니다. 그러나 대한인이 된 자는 명의상 누구든지 다 주인이 될 수 있지만, 사실상 주인다운 주인이 얼마나 되는지 알 수 없습니다.

어느 집이든 주인이 없으면 그 집이 무너지거나, 그렇지 않으면 다른 사람이 그 집을 점령합니다. 이와 마찬가지로 어느 민족 사회든지 그 사회에 주인이 없으면 그 사회는 망하고 그 민족이 누릴 권리를 딴사람이 취하게 됩니다.

(안창호, 1994: 193)

그런즉 우리는 사회에 대하여 불평시하는 생각이 동하

는 순간에 측은시하는 방향으로 돌려야 되겠습니다. 어떻게 못나고 어떻게 실패한 자를 보더라도 그것을 측은시하게 되면 건질 마음이 생기고 도와줄 마음이 생기어 민중을 위하여 희생적으로 노력할 열정이 더욱 생깁니다. 어느 민족이든지 그 민중이 각각 그 민중을 붙들어 주고 도와주고 건져 줄 생각이 진정으로 발하면 그 민중은 건져지고야 맙니다.

(장리욱, 주요한, 1987: 113)

도산은 오늘의 대한학생에게 나라에 대한 희생적 정신과 헌신적 정신을 길러야 함을 『동광』 1926년 12월호에서 말하고 있다. 도산에게서 나라에 대한 진정성은 어느 곳에서나 찾아볼 수 있다. 특히 대한의 학생, 즉 대한 사회로부터 세계 어느 사회든지 나아가 활동할 자에게 나라에 대한 진정성을 더 요구하고 있다. 무엇보다 나라를 사랑하는 가장 근본은 개인의 정직과 진실에 있다는 것을 마지막으로 다시 말하고 있다. 개인의 진실함이 서로 합동하여 나라에 대한 진정성을 만들어 가는 것이다.

첫째, 남은 알든지 모르든지 대한 민족에 대한 헌신적 정신과 희생적 정신을 길러야겠습니다. 대한 민족을 다시 살릴 직분을 가진 자로서 이 정신이 없으면 안 되겠습니다. 자주라 독립이라 평등이라 하는 것은 다 자기를 본위로 하는 이기적이외다. 어떤 때의 일시적 자극으로 떠들다가도 그 맘이 까라지면 다시 이기심이 납니다. 자기의 생명을 본위로 함은 이것이 진리요 자연이외다. 그런데 이제 자기의 몸과 목숨을 내놓고 부모나 형제나 동포나 국가를 건진다 함은 모순이 아니겠습니까, 아니외다. 이 헌신적과 희생적으로 하여야 부모와 형제가 안보되고 민족과 사회가 유지되는 동시에 자기의 몸도 있고 생명도 있으려니와 만일 이 정신으로 하지 아니하면 내 몸과 아울려 자기의 생명을 위하여 하는 것이지마는 여기도 헌신적과 희생적 정신으로 하지 않으면 안 됩니다.

(장리욱, 주요한, 1897: 146)

아아, 슬프고 아프다! 우리 민족이 이 때문에 합동을 이루지 못하였고, 서로 합동을 이루지 못하였기 때문에 죽음에 임하였습니다. 죽음에 임한 것을 알고 스스로 건지기를 꾀하나, 아직도 서로 믿을 수 없기 때문에 민족적 합동 운동이 실현되질 못합니다. 대한 민족을 참으로 건질 뜻이 있으면 그 건지는 법을 멀리서 구하지 말고, 먼저 우리의 가장 큰 원수가 되는 속임을 버리고서 각 개인의 가슴 가운데 진실과 정직을 모셔야 하겠습니다.

(안창호, 1994: 201)

도산의 진정성에서
발견한 특성

앞서 도산의 사상과 삶을 통해 일반적인 진정성의 의미인 '참되고 애틋한 마음으로 속마음에 거짓이 없이 일관되게 행동하는 것'에 중점을 두고 접근하여 보았다. 도산의 사상과 삶은 참으로 진정성의 면모를 많이 엿볼 수 있었다. 이제 도산의 진정성에서 발견된 공통적인 면모들을 찾아 그 특성들을 자세히 살펴봄으로써 진정성에 대한 의미를 더욱더 체계적으로 살펴보고자 한다.

1. 자각성(自覺性)

도산은 건전한 인격을 수양하는 것에 많은 관심을 가지고 있었다. 건전한 인격을 위해서 필요한 것은 바로 끊임없는 자기 자신에 대한 자각인 것이다. 우리나라가 이렇게 쇠망한 것에 대한 이유도 국민이 자각하지 못하였고, 민족이 자각하지 못하였으며 역사적으로 자각하지 못하고 사회적으로 자각하지 못한 것에 있다고 보고 있다.

또한 도산은 참되고 진실하기 위해서는 자각이 필요하다고 말하였다. 또한 흥사단 기관과 각 동지들에게도 항상 자기 스스로 중심으로 자각하는 자세를 보이고 있다.

자각이란 무엇인가?

구진순(2010)은 자각이란 현실을 판단하여 일정한 상황에 놓인 자기의 능력, 가치, 의무, 사명, 입장 등을 스스로 깨닫는 것이라고 말한다. 즉, 자각은 자기 자신을 의식하는 상태로 자기가 인식한 내용에 대한 자기점검과 자기반성이 포함된다고 볼 수 있다.

장정주(2005)는 자각은 개체가 환경의 장에서 일어나는 중요한 내적 · 외적 사건들을 지각하고 체험하는 것이며, 개체가 자신의 삶에서 현재 일어나고 있는 중요한 현상들을 방어하거나 피하지 않고 있는 그대로 지각하고 체험하는 행위를 뜻한다. 또한 자기 행동의 주체가 자기 자신이라는 것을 깨닫는 것, 특정 상황에서 자신이 선택할 수 있는 행동반응을 아는 것, 즉 내적 · 외적 상황에 대해 구체적이고 현실적으로 알아차리는 것을 자각 또는 알아차림이라고 부른다.

Yontef(1984)는 알아차림을 "에너지 면에서 지원하면서 개인, 환경 장에서 일어나는 현재의 가장 중요한 사건에 주의를 기울이며 접촉하는 과정"이라고 정의한다. 특정 순간에 인간의 모든 욕구나 흥미의 전부를 알아차리는 것이 아니고 매 순간 유기체의 전경이 되는 특정 욕구나 흥미를 향해 주의를 집중하는 것이다(박성희 외, 2014).

알아차림의 차원은 자신과 타인 및 환경에 대한 알아차림으로 구분할 수 있다. 자신과 타인에 관한 신체상태, 정서, 욕구, 미해결 과제 및 처한 상황 등의 현상을 알아차릴 수 있다. 그리고 알아차림은 지금-여기에 존재하는 것을 경험하는 것이다. 과거도 기억, 후회, 신체긴장 등으로 지금 존재하기에 알아차릴 수 있고, 미래는 환상이나 희망, 두려움으로 지금 알아차려질 수 있다. 또한 지금은 매 순간 변화하기에, 알아차림은 정지할 수 없고 매 순간 새로운 방향을 정하며 진화하게 된다. 만약 알아차림이 방해를 받지 않고 계속된다면 '아하!'의 통찰로도 이어질 수 있다. 자신의 행동과 감정에 대한 자신의 통제력과 선택, 책임과 반응할 수 있는 능력, 자신의 행동에 주체가 되는 것을 알아차리는 과정이 따라올 수 있다. 따라서 자신의 힘에 대해 알아차리며, 온전한 알아차림을 통해 자신의 행동과 결과에 대해 책임질 수 있게 된다. Yontef(1984)는 알아차림이란 자기수용, 즉 진정한 자기인정을 포함하는 것이라고 주장한다.

도산은 자각을 이와 비슷한 개념으로 보고 있다. 어떤 일이 생길 때 자신의 내면을 관찰하여 스스로 반성하고 바람직한 방향으로 나아갈 수 있도록 생각하며 느끼는 것이 자각이다. 바로 이러한 마음은 진정성을 내면화할 때 반드시 필요한 것이다. 나 자신의 내면에서 일어나는 감정을 알아차리고 그것을 피하지 않고 자기 스스로 인식하며 깨닫는 것이 진정성의 첫걸음이라는 말이다.

자신의 감정을 진정성 있게 표현하기 위해서는 무엇보다 현재 자신의 정서와 감정, 그리고 욕구가 무엇인지 적절하게 자각할 수 있어야 한다. 또한 지금 내가 하고 있는 행동의 주체가 나임을 깨달아야 한다. 이 자각은 자기 자신의 정서, 감정, 욕구를 진정성 있게 발현하고자 하는 기초가 되는 것이다. 자기 자신이 어떤 감정을 느끼고 있으며 무엇을 하고 싶고 내가 왜 이런 행동을 하고 있는지에 대한 정확한 자각이 이루어지지 않는다면 진정성 있는 삶을 살아갈 수 없을 것이다. 나에 대한 이해로부터 시작되는 자각은 인생에서 가장 가치 있고 소중한 작업이라 할 수 있다.

장정주(2005)는 분명한 자기의식 혹은 자각은 자신의 지금-여기 있는 그대로의 모습, 즉 자신의 장·단점, 능력, 문제, 신체적 조건, 감정 등을 있는 그대로 파악하고 받아들이게 되는 것이며 이를 기초로 자신을 실현하는 활동을 촉진시켜 준다고 말하고 있다. 자신의 감정, 욕구 등을 정확하게 자각하는 것은 자기이해, 타인이해 더 나아가 성숙한 인격이 되기 위한 우선적으로 필요한 조건이라고 볼 수 있다. 자각에 대한 이해를 돕기 위해 실제 도산의 일화에서 나타나는 장면을 살펴보도록 하자.

「서로 마음이 괴로웠네」

송태산장을 지을 때는 고구려 시대의 유물인 듯한 붉은 기와가 여러 종류가 나왔다. 도산은 이 중에서 가장 아름다운 것을 보기 좋게 장식해서 책상 위에 놓고 그것을 늘 즐겼다. 도산은 미(美)에 대해 깊고 날카로운 감각과 취미를 가졌었다. 흥사단 단우이며, 현 황해도 지사인 김선량 씨도 송태산장에 며칠 묵고 계셨다. 그는 도산의 상 위에 놓여 있는 꽃무늬와 와당이 퍽 마음에 들었다. 그것을 갖고 싶어 하는 기색이 보인 모양이다.

"김 군은 그런 미술품을 좋아하는가. 그와 같은 물건이 저편 나무 밑에 있으니 가져가게."

김선량 씨는 그리로 가 보았다. 여러 종류나 있었다. 그중에는 도산의 책상 위에 있는 와당과 꼭 같은 것이 두 개 있었다. 그는 그 두 개를 다 싸서 가방 속에 넣었다. 도산은 송태산 밑에까지 20분 가까이 걸어 내려와서 김선량 씨를 전송했다. 산 밑에 가까이 왔을 때, 도산은 물었다.

"김 군, 그 마루 밑에 있는 와당을 가져가는가?"

"네, 그 밑에 가보니까 그런 와당이 두 개가 있어서 가져갑니다."

"무어, 두 개를 다 가져가. 그건 안 돼, 한 개만 가져가요. 그 한 해는 내가 역시 장식을 해서 책상 위에 쌍으로 놓아두려고 생각한 것이니 그 한 개는 도로 내 주게."

김선량 씨는 아까워하면서 한 개를 도로 내어 드렸다. 얼마 후에 도산은 서울 중앙 호텔로 오셨다. 금강산 구경을 마치고 집으로 돌아가던 김선량 씨도 서울에 들러서 도산을 여관으로 찾아뵈었다. 도산은 가까운 제자에게 두 개의 와당을 주지 못한 것이 금방 후회가 되었었다. 그는 소포로 그것을 김선량 씨에게 곧 보냈다.

"집에 돌아가면 내가 보낸 우편 소포가 하나 있을 걸세. 그것이 군이 전번 내게 왔을 때 내게 도로 주고 간 그 와당일세. 김 군이 그때 물건을 꺼내어 내게 줄 때에 내가 보기에는 매우 아까워하고 싫어하는 기색이 보였네. 나는 그것을 가지고 돌아와서 밤새도록 자리에서 괴로워하고 부끄러워하였네. 내가 말로만 항상 사람을 사랑해야 한다고 하면서 그것 하나를 후배에게 주지 못하고 기어이 내 욕심대로 가져왔는가 생각하니 실로 마음이 괴로웠네. 그래서 그 다음 날 우편 소포로 그것을 곧 자네에게로 보내었네. 김 군이 그 두 개를 잘 보관하여 즐기기를 바라네."

(안병욱, 안창호, 김구, 이광수 외, 2004: 50-51)

도산은 평소 동지를 사랑하는 것을 자신의 신조로 생각하며 실천하고 살아왔다. 그런데 도산은 평소 미술품을 즐겼기에 와당에 대하여 자신의 욕심, 즉 마음이 시키는 대로 김 군에게 와당 한 개를 받아 냈다. 그러나 후에 도산은 자기의 욕심을 정확하게 자각하게 되었다. 동시에 자신의 마음속에 있는 또 다른 정서, 다시 말해 동지를 내 몸과 같이 사랑하고 아끼는 마음도 자각하게 된다. 도산은 이 두 마음 사이에서 밤새도록 괴로워하였다. 이러한 자각은 도산의 인격을 더욱 성장하게 만들었다. 도산 자신의 마음속에 있는 감정을 정확하게 이해하고 깊은 숙고를 거쳐 진정성 있는 행동을 할 수 있었던 그 근본은 바로 자기 자신에 대한 바른 이해, 즉 자각이다.

도산은 상대방에게 부끄러움이나 괴로움을 주지 않고 그의 잘못을 스스로 깨닫게 하려고 애썼다. 특히 도산은 흥사단 단원을 선정할 때 흥사단 입단 문답을 통해 자각하도록 하였다. 문답을 통해 스스로 자신의 어리석음을 깨달아 나라를 위하는 길을 갈 수 있도록 한 것이다.

– 그렇게 정부 관리들이 다 거짓을 했고, 그러기 때문에 백성이 믿지 아니했다는 것은 무엇으로 압니까?

"만일 관리들이 거짓이 없었고, 백성들이 나라를 믿었다면, 나라가 망할 리가 없습니다."

– 나라가 망한 것은 다 거짓 때문이라고 생각하시오?

"전에는 그렇게 생각하지 아니했는데, 이 '문답' 중에 그렇게 생각하게 되었습니다."

  - 우리 민족이 2천만이나 넘는데 어떻게 그들이 거짓을
버릴 수 있소? 또 누가 그들더러 거짓을 버리라고 명령을
하며, 그 명령을 듣기는 누가 듣겠소?

  "어려운 일이지요. 그러나 해야지요."

  - 어떻게, 무슨 방법으로, 또 누가?

  "……."

  - …….

  "이제야 깨달았소."

  - 말씀해 보시오.

  "내가 해야겠소. 내가 거짓을 버리고 참된 사람이 되어
야 하겠소."

(임중빈, 1998: 175-176)

2. 일치성(一致性)

  도산은 자신이 처한 현재의 상황에서 느껴지는 다양
한 감정들을 있는 그대로 가족과 주변의 동지들에게 표
현하였다. 독립운동가로, 한 학교의 교장으로, 흥사단

의 단장으로, 임시정부의 내무총장 겸 국무총리서리로 업무를 보면서 높은 지위에 있으면서 자신의 감정을 나타낸다는 것은 쉬운 일이 아니다. 높은 지위에 있을수록 자신의 유능감을 나타내기 위해서 자신의 나약함을 드러내고 자신의 힘든 일을 말하기 어렵다. 하지만 자신에게 경험된 감정을 자각하고 그것을 있는 그대로 표현하는 것이 바로 일치성이다. 즉, 자각과 표현의 일치를 말한다.

자신이 경험한 것과 인식한 것을 일치되게 하고, 인식한 것과 표현한 것을 일치되게 할 때 진정성이 드러난다. 남편의 말에 상처를 받아 서운한 감정을 자각한 부인의 예를 들어 보자. 부인은 그 감정을 자각하였지만 남편과의 관계를 위해서 그 감정을 숨기고 예전처럼 상냥하고 친절하게 대한다고 한다면 이 관계가 오래갈 수 있을지는 확실하지 않다. 일치성은 자신이 받은 상처를 자각한 대로 남편에게 적절한 말로 표현하는 것이다. 그러할 때 부부관계는 인격적이고 바람직한 방향으로 발전할 것이다.

도산은 나라를 위한 애국활동으로 인해 결혼을 하고 가족과 함께 한 시간이 고작 13년밖에 되지 않는다. 그래서 도산은 편지를 통해 가족에 대한 절절한 사랑과 미안함, 고마운 마음 등을 나타내었다. 도산은 독립운동을 하느라 가족들과 함께 하지 못함을 미안해하는 마음과 더불어 그 마음속에는 독립운동을 위해 일하고자 하는 마음도 있었다. 누구나 마음에 이런 마음이 있다고 하지만 그 마음을 표현하는 것은 쉽지 않다. 왜냐하면 그러한 표현을 통해 가족들의 마음에 더 큰 아픔을 줄 수도 있기 때문이다. 아래의 1908년 11월 20일 서울에서 써 보낸 편지에서도 볼 수 있듯이 도산은 염치없는 듯하나 나라를 위해 남편을 원방에 보낸 셈 치라고 아내에게 말하고 있다.

　지금 시대가 부부간 안락을 누릴 때가 못 되었사오니 그대는 생각을 널리하고 뜻을 활발히 하여 염려치 말고 안심하고, 공연히 적은 뜻을 이루지 못한다고 극탄하여 몸과 마음이 고생한 땅에 오래 머물지 않기를 간절히 바라나이다. 이런 말로 권면하는 것이 도리어 염치없는 듯하나 나는 결단코 방탕한 남자가 되어 집을 잊고 아니 돌아가는 자가 아니니라. 세상이 다 나를 웃고 처자가 원망하더라도 나의 붙잡은 일은 차마 버릴 수 없소이다. 그런즉 나만 사랑치 않고 나라를 사랑하는 그대는 나를 나랏일 하라고 원방에 보낸 셈으로 치고 스스로 위로받기를 원하나이다.

(안병욱, 안창호, 김구, 이광수 외, 2004: 64)

도산은 유능감을 인정받아야 할 동지들에게 자신의 내부에서 일어나는 감정을 표현하였다. 1920년 5월 18일 상해에서 동지들에게 쓴 편지에서는 "일도 많고 근심도 많으며 우리 민족의 지식, 금전, 단결의 능력이 부족하여 막막하다."라고 표현하고 있다. 또한 홍십자 병원에 입원하게 되었을 때 도산을 찾아오는 손님들이 너무 많았다. 그래서 비서를 통해 중요한 용무를 가진 손님을 우선적으로 면회하는 규례가 마련되었고, 외국 손님을 맞을 수 있는 양복 차림까지 준비해 두었다. 이것을 보고 옛날 동지마저 도산이 원하는 사람만 접근시키려고 한다고 오해하였다. 그때 도산은 그의 손을 붙잡고 울었다고 한다. 도산에게서 눈물은 어떤 의미인가? 지금까지 가까이 지내 온 동지마저 내 마음을 몰라주니 터져 나온 눈물일 것이다. 그의 속마음에서 경험된 것을 주변의 상황과 자신의 위치를 생각하지 않고 일치되게 표현한 것이다.

그리고 도산이 임시정부에서 일할 당시 사람들의 오해와 의심을 받았던 적이 있었다. 도산이 국민대표회를 촉진하고자 하는 의견에 대한 것이었다. 그때 도산은 그런 오해와 의심으로 억울해 하거나 자신의 진심을 알아주지 않는 사람들을 미워하지 않았다. 도산은 정부를 사퇴하면서 「의혹을 버리라」는 연설을 통해 자신의 생각을 밝히고 있다. 이렇게 내부의 인식한 바를 표현하지 않으면 더 큰 오해와 의심이 생길 것을 알았기 때문이다.

근간에 국민대표회 촉진에 대하여 반대하는 의견들이 분분합니다. 여기에서 의혹과 감정을 불러일으키는 종류를 몇 가지 들어 말하겠습니다. 첫째는 '안창호의 말대로 그렇게 되었으면 좋겠으나 그렇지 못한 것은 그 가운데 딴 내용이 있기 때문이다.' 그 내용을 말하면 '이승만을 쫓아내려는 이동휘나 상해 정부를 깨치려는 원세훈이 안창호를 이용하여 자기네 목적을 달하려고 하는 것이니 속지 말라, 음모자들의 획책이다.'하여 의혹을 일으키고 있습니다.

……여러분은 국민대표회를 촉진하는 것이 옳다고 말하는 안창호의 마음이 어떠한 것인가를 의심하거나 겁내지 마십시오. 다만 국민대표회란 그 물건이 옳은가? 어떤가? 이익될까? 해될까만 생각하십시오. 왜냐? 아까 국민대표회는 이동휘의 아들이나 딸만 모이지 않을 것이라는 말과 같이, 안창호의 뜻을 이루어 줄 사람만 모일 이치가 없는 것입니다.

안창호는 아무리 어리석더라도 각 방면의 대표는 안창호에게 대통령이나 총리나 시킬 사람만 오리라고 믿지 않습니다. 그러므로 그와 같은 희망은 가지고 있지 않습니다.

(안창호, 1994: 150-153)

3. 무실성(務實性)

도산이 진정성 있는 삶을 살아갈 수 있었던 필수요소는 무실(務實)이다. 무실은 우리의 생각과 말에 거짓이 없고, 참되게 살아가는 것을 말한다. 다시 쉽게 말하면 정직하게 살아가는 것을 말한다. 도산은 평소 이 무실에 대해서 강조하고 강조하였다. 죽더라도 거짓이 없어라, 농담으로라도 거짓을 말아라, 꿈에라도 성실을 잃었거든 통회하라, 거짓이여 너는 내 나라를 죽인 원수로구나, 부허는 패망의 근본이요 착실은 성공의 기초외다. 이러한 말들을 통해서 쉽게 도산의 무실사상을 알 수 있다.

이러한 무실은 인간관계의 기본이 될 것이다. 진정성은 마음에 있는 무실을 말과 행동으로 표현하는 것을 통해 구현될 수 있다. 인간관계에서 무실의 필요성은 우리가 잘 알고 있는『양치기 소년』이라는 동화에 잘 나타나 있다. 양치기 소년의 상습적인 거짓말은 그의 인간관계에 치명적인 해악을 끼쳤다. 정말로 위급한 상황에 닥쳐서 사실에 입각한 도움을 요청했지만 그동안 그가 행했던 거짓으로 인해서 아무도 소년의 말을 믿지 않았기 때문이다. 이처럼 무실은 인간관계를 신뢰와 믿음이라는 반석 위에 올려놓는 튼튼한 초석이다.

도산은 미국에 있을 때 영어를 배우기 위해 초등학교에 입학하려 했으나 나이가 많다는 이유로 두 번이나 거절당했다. 이를 안타깝게 여긴 하숙집 주인이 "그대는 동양 사람으로 키도 작은 편이니 바보처럼 정직하게 만 스물 셋이라고 고집부리지 말고, 슬쩍 열일곱 살이라고 넘겨 버리면 될걸 그러는군." 하고 거짓말을 하라고 충고하였다. 그러나 도산은 "나로서는 입학을 못하면 그만두었지, 내 나이를 속일 수는 없습니다."라고 답하여 집주인을 놀라게 하였다. 이렇게 사람들 사이에서 무실을 실천하였기에 도산에게 배움의 길이 열렸다. 도산은 연령 초과를 인정해 준 세 번째 학교에 간신히 입학하여 공부를 할 수 있었다. 도산의 딱한 사정을 알고 학교의 교장은 "17세까지 입학을 허가한다는 규정은 미국 학생에게 국한된 문제라고 보아요. 이 문제를 동양 사람에게 적용한다는 것은 좀 무리라고 생각되는군요."라고 말하면서 입학을 허가하였다. 거짓이 인생에서 더 빠른 지름길이라고 느껴질 때가 있지만 그것은 참으로 어리석은 일이다.

또 한 번은 샌프란시스코에서 살고 있을 때, 어떤 교포 상인은 도산에게 인삼 장사 동업을 제의해 왔는데 도산은 "내가 보기에 중국 인삼을 사다가 고려 인삼이라고 속여 파는 모양이니, 나는 그만두겠소. 나는 거짓말 안 하기로 이미 결심한 사람인데 돈벌이도 중요하지만 나와 내 가족의 평안한 생활을 위해서 그런 거짓말을 할 수는 없는 일이오"라고 말하면서 딱 잘라 거절하였다(임중빈, 1998).

도산은 늘 무실사상을 인생의 푯대로 삼고 정직한 삶을 살아가기 위해서 노력하였다. 그 결과 미국인들의 입에서 도산의 칭찬이 끊이지 않았고 일부러 도산을 찾아 특별 혜택까지 베풀어 주었다.

4. 성실성(誠實性)

　성실성은 정성스럽고 진실된 품성을 말하는데, 특히 정성스러움에 초점이 맞춰져 있다. 도산의 성실성은 사물, 사람, 나라 그 대상을 불문하고 자신이 만나고 접하는 모든 것에 대해서 나타나고 있다.

　우리나라 속담에 '지성이면 감천'이라는 말이 있다. 정성이 지극하면 하늘도 감동하게 된다는 뜻으로, 무슨 일이든 정성을 다하면 아주 어려운 일도 순조롭게 풀리어 좋은 결과를 맺는다는 말이다. 도산은 정말 이러한 마음을 가진 지극정성의 본보기를 우리에게 보여 준다.

　첫째, 도산이 사물에 대한 성실성을 보여 주는 일화들을 살펴보자. 도산은 만년에 평양 부근에 있는 대보산에 송태산장을 짓고 살았다. 어느 날 그 마을 사람의 결혼식에 초대를 받고 집안에 들어서니 문지방 앞에 여러 켤레의 신발이 아무렇게나 어지럽게 놓여 있었다. 도산은 그 신발을 하나하나 정성스럽게 정돈을 하고 방으로 들어갔다.

또한 독립활동을 위한 자금을 사용할 때도 동지들의 피땀으로 모은 돈이기 때문에 단돈 한 푼이라도 허술하게 낭비하지 않았다. 작은 화분을 하나 사기 위해서도 상해의 봉강리와 여러 화초상을 돌아다니며 값을 물어보고 주인과 흥정하고 또 흥정하였다. 이는 자신에게 있는 독립자금에 대한 지극한 정성인 것이다.

둘째로 도산이 사람에 대한 성실성을 보여 주는 일화들을 살펴보자. 도산은 가까운 가족과 동지들에게 깊은 관심과 정성을 쏟았다.

어느 날 한 소년이 소년단의 행사에 돈이 필요하다고 도산에게 도와 달라고 부탁을 했다. 도산은 그 어린 소년과의 마음에 절실함을 보았기에 지극한 정성으로 그 필요를 채워 주었다. 그날은 바로 윤봉길 의사가 상해 홍구 공원에서 일본 백천 대장에게 폭탄을 던지는 의거를 일으킨 날이다. 도산은 자신이 붙잡힐 것을 예견하였지만 소년의 집에 가서 돈을 빌려주었다. 이것은 도산의 마음과 소년의 마음이 하나 되었기 때문에 가능한 것이다. 이것뿐만 아니라 안태국이 병으로 죽었을 때 헌신적인 간호와 정성스러운 장례를 치렀고, 동지 운현진이 병으로 죽을 때도 치료에 전력을 다했고, 여운형이 러시아 여행 중 생계가 곤란하다는 소식을 듣고 여러 달 동안 생활비를 보냈고, 추정 이갑의 엄지손가락에 온 신경 마비가 전신불수로 되었을 때 자신이 모아두었던 돈 일금 천 불을 보냈다.

이처럼 도산은 동지들에게 성실하게 대했다. 도산의 형편에서는 돈이 아주 절실히 필요한 상황이지만 그 상황을 뛰어넘을 수 있었던 것은 상대방에 대한 관심과 정성스러움이 있었기 때문이다.

마지막으로 나라에 대한 도산의 성실성을 살펴보자. 누구보다도 도산은 나라에 대한 정성스러움이 대단하였다. 도산은 밥을 먹어도 대한의 독립을 위해서, 잠을 자도 대한의 독립을 위해서, 내게 목숨이 붙어 있는 한 독립운동을 하겠다고 말하였다.

도산은 죽는 날까지도 "나는 죽음의 공포가 없소. 나

는 죽으려니와 내 사랑하는 동포들이 그렇게 많은 괴로움을 당하니 미안하고 마음이 아프오. 일본은 자기 힘에 지나치는 큰 전쟁을 시작하였으니 필경 이 전쟁으로 패망하오. 어떤 곤란이 있더라도 인내하시오." "낙심하지마오." 하고 말하였다. 도산의 나라 사랑에 대한 정성스러움은 죽음도 가로막지 못하였다(임중빈, 1988).

도산의 성실성은 대상에 제한이 없었다. 자신과 만나게 되는 모든 대상, 즉 살아 있는 생물뿐만 아니라 물건까지도 여기에 포함되었다. 매일 만나는 대상들에 대해 관심을 가지고 최선을 다해 정성을 쏟는 그 마음은 곧 진정성에서 없어서는 안 될 특성이다.

5. 수용성(受容性)

있는 그대로를 수용하는 도산의 자세는 자신뿐만 아니라 상대방과의 대화에서 많이 나타났다. 수용은 생각이든 감정이든 행동이든 표현한 그대로 받아들이는 것이다. 도산은 많은 청년을 가르치고 깨치고 지도하는 데에 있어서 흔히 대화의 방법을 사용하였다. 도산은 '이것은 이런 거요.'라든가 또 '이것은 이렇게 해야 한다.'라는 명령조의 대화를 사용하지 않았다. 항상 '이 문제에 대해서 어떻게 생각하시오.'라고 말하면서 상대방의 생각을 들을 준비부터 하였다. 또한 자신과 다른 의견이 있다 할지라도 그의 말을 끝까지 귀 기울여서 들었다. 상대방에게 무조건적으로 수용할 준비가 되어 있었던 것이다. 도산은 어떤 조건이나 요구나 견해를 덧붙이지 않고 한마디로 조건 없이 상대방의 말을 수긍하고 인정하였다.

도산의 고향 출신 젊은이가 도산을 비난하는 글을 신문에 실은 적이 있었다. 도산을 가까이 모신 사람들은 모두 하나같이 이에 대한 해명이나 혹은 반박이 있어야 한다고 하였다. 그는 상대방이 생각하는 바를 있는 그대로 받아들이고 그 비난에서 받은 자신의 감정을 있는 그대로 수용하여 침묵하였다. 그 글을 쓴 고향 후배에게 도산은 어떤 발언도 하지 않았다.

도산을 죽여 버리겠다는 극단적인 오해를 가진 교포를 찾아가 대화를 하면서 오해를 풀고 친구가 된 일화도 있었다. 이것은 상대방의 생각이 틀린 것이 아니라 나와 다르다는 것을 받아들였기 때문에 가능한 일이다. 세상에는 '다르다'와 '틀리다'라는 단어를 혼동하고 이해하지 못하는 경우가 종종 일어난다. '다르다'는 비교가 되는 두 대상이 서로 같지 않다는 뜻이며, '틀리다'는 셈이나 사실 따위가 그르게 되거나 어긋나다라는 뜻이다. 즉, 다름은 아버지와 나의 얼굴이 다르게 생긴 것을 말하며 틀린 것은 수학 문제를 풀었을 때 답이 틀리는 것을 말한다. 수용은 나와 다른 상대방의 사고와 감정에 대하여 '틀리다'고 생각하는 것이 아니라 나와 생각이 '다르다'고 생각하는 것이다. 만약 그렇지 않았다면 도산의 생각과 반대에 있는 사람들과 싸우고 '내가 옳고 당신은 그르다.'라는 것을 해명하기 위해 허송세월을 보냈을 것이다.

도산은 항상 내 동족을 위해 포용하는 자세 즉, 수용하는 자세가 있었다. 도산에게 수용은 바로 나라를 사랑하는 방법의 하나인 것이다. 서로가 서로를 비방하거나 욕하지 않고 나라에 닥친 일은 나에게 책임이 있음을 받아들이고 수용할 때 애국하는 마음이 생길 수 있기 때문이다.

도산의 수용은 원수인 일본과 함께 손잡은 친일파에게도 일어났다. 대부분의 사람들은 친일파를 손가락질하고 욕하며 마음속에 미움이 가득 차 받아들이지 못하였다. 그러나 도산은 친일파여도 그들을 이해하고 같은 동포로 인정하였다. 그 사람들의 본심을 읽고 '그 사람' 그 자체를 수용한 것이다. 친일파가 된 그 사람의 행동은 잘못이지만 동포의 한 사람으로서 그 사람을 받아들이려 한 것이다.

이러한 도산의 수용은 겸손한 마음에서부터 나온다. 남을 나보다 더 높게 여기고 내가 낮아져 나를 내려놓으면, 마음에 상대방을 있는 그대로 받아들일 수 있는 공간이 생긴다. 이것은 노자가 말하는 '비움'과 유사하다고 볼 수 있다. 마음에 무엇인가로 가득 차 있으면 마음의 자연스러운 성품이 드러나지 못하고 새로운 것을 채우지도 못한다. 그릇을 깨끗하게 비워야 다른 음식을 담을 수 있는 것과 같은 논리이다. 그러므로 수용을 위해서는 순간순간 마음을 비워야 한다. 비워 둔 자리에 생각이든 감정이든 행동이든 표현된 그대로 받아들이는 것이 바로 수용성이다. 이러한 수용성은 자신에게 일어나는 감정을 받아들일 때도, 다른 사람과의 관계에서 일어나는 감정이나 행동을 받아들일 때도 유용하다.

6. 정의돈수성(情誼敦修性)

도산의 모든 생각과 사상의 기반이 되는 것은 사랑이다. 정의는 친애와 동정의 결합이다. 친애는 어머니가 아들을 보고 정으로써 사랑하는 것이고, 동정은 아들이 당하는 고와 낙을 자기가 당하는 것 같이 여기는 것이다. 그리고 돈수는 정의를 더 커지게, 더 많아지게, 더 두터워지게 하는 것이다. 즉, 정의돈수란 서로 사랑하는 정신을 더욱 기른다는 뜻이다. 도산이 가족, 동지, 나라에 진정한 모습으로 대할 수 있었던 것은 이 정의돈수 사상이 가장 큰 영향을 미쳤다.

두산백과(2010)에 의하면 '사랑이란 인간의 근원적인 감정으로 인류에게 보편적이며, 인격적인 교제, 또는 인격 이외의 가치와의 교제를 가능하게 하는 힘'이라고 정의하고 있다. 도산 역시 사람과 사람 사이에 꼭 필요한 것이 사랑이며 이 사랑을 통해 사람들 사이의 인격적인 교제가 가능해진다고 보고 있다. 도산은 1933년 6월 1일 대전 감옥에서 아내 혜련에게 보내는 편지에서 사랑의 의미를 밝힌 바 있다.

사랑 이것이 인생이 밟아 나갈 최고의 진리입니다. 인생의 모든 행복은 인류 간 화평에서 나오고 화평은 사랑에서 나오기 때문입니다. 우리가 실지로 경험하여 본 바 어떤 가정이나 그 가족들이 서로 사랑하면 화목하고 화목한 가정은 행복의 가정입니다. 그와 같이 사랑이 있는 사회는 화평의 행복을 누립니다. '사랑'을 최고 진리로 믿고 사랑을 실행하는 사람의 사랑으로 인하여 가정이나 사회에 화평의 행복이 촉진될 것은 물론이거니와 가정보다 먼저 사회보다 먼저 사랑을 행하는 그 사람 자신의 마음이 비상한 화평 중에 있음으로 남이 헤아리지 못할 무상한 행복을 받을 것입니다. 그런즉 내나 당신의 앞에 남아 있는 시간에 우리 몸이 어떤 곳에 어떤 경우에 있던지 우리의 마음이 완전히 화평에 이르도록 '사랑'을 믿고 행합시다. 내가 이처럼 고요함을 공부할 생각만 하자는 동시에 이것을 당신에게 선물로 줄 마음이 있어서 '사랑' 두 글자를 보내오니 당신은 당신의 사랑하는 남편이 옥중에서 보내는 선물을 받으소서. 이것을 받아가지고 우선 집안 자녀들을 평일보다 특별히 사랑하는 화평의 기분으로 대하며 삼촌댁과 사촌집 친족들이며 그 밖에 친구들한테 평시의 감정을 씻어 버리고 오직 사랑으로 대하기를 시험하소서. 효과가 곧 날 것입니다. 그리하여서 어떤 사람에게든지 자비의 정신을 품고 대하기를 공부하여 보소서.

(안병욱, 안창호, 김구, 이광수 외, 2004: 72-73)

그러면 이러한 도산의 정신은 어디에서부터 왔는가? 그것은 바로 기독교의 사랑으로부터 왔다. 도산은 1895년 서울로 올라가 언더우드가 세운 구세학당에 입학하게 되었다. 구세학당에 입학하자 도산은 예수교 장로회에 입교하여 신앙인이 되었다. 기독교를 믿으면서 도산은 사랑을 배웠으며 이웃을 사랑하고 인류를 사랑하는 기본 정신을 터득하게 되었다. 진정한 독립을 위해서 사랑의 힘이 필요하다는 것을 절감하게 되었다(임중빈, 1998).

도산은 1919년 재상해 한국인 교회에서 '사랑'이라는 제목으로 설교를 한 적이 있다. 그 설교를 통해 도산의 사랑이 어디에서부터 나왔는지 알 수 있다. 그것은 바로 예수님의 사랑이다. 예수님이 세상에 계실 때에 굶주림과 추위와 편히 쉴 집도 없는 등 모든 괴로움을 당하시다가 세상 사람들을 위해 십자가에 못 박히는 진정한 사랑을 보여 주셨다. 도산은 예수님의 사랑을 본받아 실천하며 살아갔다. 먼저는 멀리 떨어져 있는 가족을 향하여 변하지 않는 사랑을 하였으며, 자신과 뜻을 같이하는 동지들, 심지어 일본 순사 및 친일파까지도 사랑하였다. 사랑이라는 감정은 상대방의 피드백이 눈에 보이지 않으면 감정이 식어지고 쉽게 변하기 마련이다. 하지만 도산의 사랑은 변함없이 일관된 모습을 보여 주고 있다. 이것이 바로 예수님이 보여 주신 무조건

적인 사랑이다. 상대방에게 대가를 바라지 않고 일방적
으로 사랑을 표현하는 것이다.

도산의 사랑은 나라에 대하여 절정에 이른다. '나의
사랑 한반도'라는 표현을 통해서도 얼마나 나라를 사랑
하는지 알 수 있다. 또한 종로 경찰서에 투옥되었을 때
도산을 문초하면서 경성 지방 법원 검사가 이렇게 물었
다. "너는 독립운동을 계속할 생각이냐?" 이에 도산은
"그렇다. 밥을 먹는 것도 대한의 독립을 위하여, 잠을
자는 것도 대한의 독립을 위하여서 해 왔다. 이것은 나
의 몸이 없어질 때까지 변함이 없을 것이다."라고 대답
하였다. 도산은 나라를 위해 자신의 목숨을 기꺼이 바
칠 수 있다고 말하고 이를 죽는 날까지 실천했다. 도산
은 말만 앞서며 생각만 가지고 있는 죽은 휴머니스트가
아니라 사랑을 행하는 진정한 휴머니스트였다.

도산은 이 사랑이 여느 교과목을 공부하듯이 공부한
다면 기를 수 있는 것으로 생각하였다. 다시 말하면, 기
를 수 있는 것이기 때문에 공부하면 사랑하는 마음도
가질 수 있다고 본 것이다. '사랑하는 마음을 기를 수 있

다.'는 발상은 아주 독특하다. 그렇다면 과연 사랑하는 마음은 어떻게 기를 수 있을까? 흥사단 문답에서 그 해답을 찾을 수 있다. 사랑하기를 날마다 힘쓰면 그것이 습관이 되고, 습관이 그 사람의 성이 되면 그것이 덕이 된다는 것이다. 돈수함(익힘)으로써 정의(사랑)를 완성할 수 있다는 관점이다.

7. 순수성(純粹性)

사전적으로 순수라는 의미는 전혀 다른 것의 섞임이 없으며 사사로운 욕심이나 못된 생각이 없는 상태를 말한다. 어떤 목적이나 바람을 가지지 않고 사람들을 만났던 도산의 순수성은 사전적 의미와 다르지 않다. 아무것도 바라지 않고 사람을 만난다는 것은 참으로 어려운 일이다. 사람들은 흔히 내가 이만큼 했으니까 상대방도 나에게 이만큼 할 것이라는 기대감을 지닌다. 이 기대감이 무너질 때 마음속에 분노와 괴로움을 느낀다.

또한 무엇인가를 얻을 목적으로 상대방을 만났으나 목적 달성이 어렵다고 판단되면 쉽게 실망하고 좌절한다. 마음에 불순물이 들어 있어 순수한 만남이 이루어지지 못하는 것이다. 특히 이성 간의 만남 사이에 순수성을 잃어버리고 자신의 사사로운 욕정을 채우기 위해 불륜 관계를 마다 않는 경우도 발생한다. 도산이 48세 되던 때 이러한 시험이 찾아왔다. 도산은 그의 부인과 35년 동안 살았지만 함께 지낸 시간은 고작 8년 정도밖에 되지 않는다. 도산은 한국에서, 상해에서 늘 혼자서 생활하였다. 그러나 그는 이성과의 만남에서도 순수성을 잃지 않아 스캔들이나 추문이 전혀 없었다.

남경에 있을 때 최모라는 젊은 여성이 도산을 사모했고 선생님으로 사모했던 마음이 뜨거운 사랑으로 변했다. 어느 날 밤, 최 양은 자신의 열렬한 마음을 억제하지 못하고 도산의 침실로 들어갔다. 그때 도산은 아무렇지도 않게 그 여성의 이름을 부르며 "무엇을 찾소, 책상 위에 초와 성냥이 있으니 불을 켜고 보오?" 하고 자연스럽게 말하였다. 이 말과 음성에 그녀는 뜨거운 이성의 정열에서 깨어나 도산의 말대로 초에 불을 켜고 잠깐 서 있다가 나와 버렸다. "그 음성을 들으니, 아버지 같은 마음이 생겨서 부끄럽고 죄송하였다."라고 최 양은 말했다(안병욱, 안창호, 김구, 이광수 외, 2004). 도산은 최 양과 같은 목적을 가진 동지로서의 순수한 만남을 잃어버리지 않았다. 또한 최양의 마음을 상하지 않도록 조심하며 어느 날 그녀를 불러서 그 정열을 조국에 바칠 것을 권면하였다. 최 양과의 만남에서 사사로운 욕심을 채웠다면 오늘날 도산의 명성은 없었을 수도 있다.

도산은 정치적인 관계에서도 순수성을 놓치지 않았다. 1920년 임시정부가 통합정부를 실현하였지만 그와 동시에 대내외적으로 심각한 시련에 봉착하고 있었다. 대외적으로는 4월 참변과 간도참변으로 독립전쟁의 중심지가 크게 흔들리고 있었다. 대내적으로는 1920년 12월 상해에 온 이승만과 국무총리 이동휘 사이에 분쟁이 일어나 1921년 1월에 이동휘가 국무총리를 사임하였다. 그때 도산에게 임시정부의 총리 자리에 취임하라고 주변의 동지들이 권하였지만 사양하였다. 아래의 도산의 일기를 살펴보면 이때 그의 생각을 자세히 알 수 있다.

1921년 2월 17일 목요일 맑음

이동녕, 이시영, 신익희 3군이 내방하여 동일한 말로 나에게 총리가 되라 권하는지라, 내 대답하기를 내가 총리에 나아갈 만한 자신이 있으면 사양치 아니할지나 자신이 없으므로 할 수 없다 한즉, 3군 왈 자신이 어찌 없겠는가마는 자기 3인이 힘껏 보좌한다는 것도 역시 불신하노라, 내가 여기 온 지 우금(于今) 2년간이라 처음 상해에 도착 시에 나에게 지방열이니 야심가이니 하는 비난이 극도에 달하였도다. 그 후 군(君)들이 상해에 온 후로 내 경우는 해내해외(海內海外)를 물론 하고 지방열로 세력을 투쟁한다는 악선전이 보급되어 외위(外圍)의 인심을 수습할 여지가 없는 이때라, 이와같이 된 것은 다 당신네 심복으로 악선전한 것이 사실이라. 군(君)등이 여기 온 후에 이동휘를 내보내고 내가 총리해야 된다 함이 지금까지 계속하였도다. 한편으로는 총리 되라하고 한편으로는 악선전을 여전히 계속하는도다. 그런고로 지금도 불신하겠노라 내가 이같이 말함은 내 개인을 위하여 감정적으로 말함이 아니라,

이같이 가난한 경우에 처하여 서로 크게 각오할 필요가 있으므로 말함이라. 군(君)등 왈 과거는 여하튼지 차후로는 잘하여 가기를 결심하고 내가 책임을 맡으라 하는지라. 내 이르길 이 같은 말은 신청치 아니하노라, 나에게 총리하라고 권함이 우금 20여 일이라 그간 기호(畿戸)청년들이 내 도함에 역시 악선전이 계속되고 있으니 지금 어떤 사람이든지 총리가 되면 밖의 인심을 충분히 수습하고야 일할지니 한편으로 악선전하면 대국은 수습은 못 되고 일은 망하고야 말겠도다. 하니 군(君)등 왈 그러면 어떻게 하는 것이 좋겠는가 하는지라, 내 이르길 지금 총리 선임키로 애쓰지 말고 대리총리로 일을 진행하여 가면서 군(君)등과 내가 크게 각오하여 서로 사랑하고 서로 두호함으로써 상호의 의심이 풀어지고 서로 믿음이 있도록 힘쓸 수밖에 없다 하다.

(안병욱, 안창호, 김구, 이광수 외, 2004: 58-59)

도산은 정치적으로 사사로운 지위에 대한 욕심을 가지지 않았다. 정치적인 욕심이 있었다면 총리 자리가 공석인 이때에 주변 동지들의 지지를 받아 그 자리에 올라갔을 것이다. 하지만 도산은 지금 대내외적으로 혼란한 시기이며 내부적으로 단결하며 흩어진 마음을 하나로 모으는 것이 더 필요하다고 생각하였다. 그래서 총리대리로 일하면서 내부적으로 서로 의심하고 오해하는 바를 해결하고 사랑함으로 믿을 수 있는 관계 회복에 노력하였다. 이처럼 도산은 정치적인 맥락에서조차 사사로운 욕심이나 생각을 섞지 않고 설정된 목적을 향해 순수하게 나아갔다.

8. 방향성(方向性)

우리는 나름대로 인생의 방향을 정하고 살아간다. 인생의 방향이 제대로 설정되어 있다면 삶의 목표를 이루기도 쉽고 중심을 잡고 살아가는 일이 그만큼 수월할 것이다. 국어사전에 의하면 방향성이란 특정한 방향을 갖는 성질이다. 그렇다면 도산은 어떤 특정한 방향을 가지고 살아갔을까?

첫째, 도산은 내면적으로 거짓 없이 진실하고 참된

마음으로 건전한 인격을 함양하고자 하였다. 내면적인 방향이 흐트러질 때면 자기 자신의 자각을 통해 자아를 개조하고 혁신하여 그 방향성에 맞추어 살아가고자 하였다.

둘째, 도산은 조국의 독립에 방향을 맞추고 인생을 살아갔다. 도산은 옥중에서 일본 관헌에게 "대한민국 전체가 대한의 독립을 믿으니 대한이 독립할 것이요, 세계의 공의가 대한의 독립을 원하니 대한이 독립될 것이요, 하늘이 대한의 독립을 명하니 대한은 반드시 독립할 것이다."(장리욱, 2014)라고 말하였다. 옥중에서 죽음을 앞두고 있었을 때에도 그 방향성에는 변함이 없었던 것이다.

우리는 사람들과 만날 때 진정성 있는 태도를 가지려고 한다. 하지만 그 진정성이 여러 가지 이유로 제대로 나타나지 못할 때가 많다. 이는 내면의 방향성이 뚜렷하지 못하기 때문이다. 항구를 출발한 배가 어디로 가야 할지 방향을 잡지 못하면 그 배는 평생 바다를 표류하게 될 것이다. 우리는 하루에도 수없이 많은 사람들을 만나는데 그때 도산처럼 거짓 없이 참되고 진실하게 살아가고자 하는 방향성이 뚜렷하다면 이리저리 표류하지 않고 진정성 있는 만남을 해낼 수 있을 것이다.

도산처럼 암울한 시대를 살아가는 사람들은 더욱 삶의 방향성을 잃어버릴 확률이 높다. 도산은 6세에 갑신정변, 16세에 동학 혁명과 청일 전쟁, 26세에 노일 전쟁을 목격했으며, 31세에 안중근 의사의 의거에 연루되어 용산헌병대에 수감되었다. 32세에 한일 합방, 41세에 3·1운동, 53세에 만주사변을 경험했고, 54세에 윤봉길 의사의 의거 때 일본 헌병대에 체포되어 4년 동안 서대문 감옥과 대전감옥에 갇혀 있었다. 57세 감옥에서 가출옥하여 송태산장에 은거하다가 59세에 다시 동우회 및 흥사단 동지들과 함께 서대문형무소에 재수감되었다. 그해 말 병보석으로 석방되어 60세 되던 해 경성대학 부속병원에서 간경화로 서거하여 망우리에 안장되었다. 도산은 1978년에 태어나서 1938년 서거하기까지 그야말로 파란만장한 60년의 삶을 살다 갔다(도산 아카데미, 2007).

이러한 시대에서 삶의 방향을 정하고 흔들림 없이 그 방향을 따라 살아간다는 것은 보통 힘든 일이 아니다. 현실이 참담하고 생존의 위협을 받는 상황에서도 어려운 환경과 압박에 굴복하지 않고 자신이 목표하는 방향에서 벗어나지 않으려고 치열하게 살아간 이가 도산 안창호이다.

그러나 이따금 항로에서 배가 이탈하듯 살다 보면 여러 가지 이유로 설정한 방향을 벗어나는 경우가 생긴다. 이럴 경우 도산은 자각과 개조를 통해 원래 설정한 방향을 따라야 한다고 생각했다. 자기 자신의 상태를 정확히 자각하고 이를 혁신하는 개조의 과정을 통해서 잃었던 방향을 되찾아야 한다고 본 것이다. 결국 방향을 되찾는 일은 자각과 개조로 이어지는 자아혁신의 과정이라고 말할 수 있다. 물론 이 자아혁신은 건전한 인격으로 완성을 지향한다.

그럼 방향성을 정해 놓고 그 방향에서 벗어났을 경우 자각과 개조를 통해 자아혁신을 이루어 가는 구체적 방법은 무엇인가? 도산은 정신 통일과 의지력을 공고하게 하기 위한 수양을 강조했다. 상해 시절의 일기를 보면 매일 아침 일찍 일어나 참선하는 이야기가 나온다. 아침마다 일어나 단정하게 앉아서 참선을 하여 마음이 흩어지지 않도록 다잡았다.

도산이 추운 감방에서 차디찬 소독수의 세례를 받았을 때 태연자약한 태도와 단정한 자세로 그것을 이길 수 있었던 것은 그의 평소의 의지력과 수양의 힘이었다. 또 민족의 지도자요, 혁명 투사로서 일본인들 앞에서 창피한 꼴을 보여서는 안 된다는 결심과 자기를 믿고 따르는 여러 동지와 제자들에게 어지럽고 추한 모습을 지어서는 안 된다는 자각이 도산으로 하여금 늠름한 태도를 취하게 하였다고 생각된다. 도산은 수양을 위해 행주좌와(行住坐臥)에 몸을 단정히 하는 습관이 있었다. 앉을 때에 허리를 굽히지 아니하고 설 때에 몸을 기대거나 기울이지 아니하고, 걸음을 걸을 때도 팔다리를 맞추고 고개를 기울이지 않았다(안병욱, 안창호, 김구, 이광수 외, 2004). 이러한 수양을 통해 방향을 잃어버린 나를 찾아 혁신하고, 사람들과의 만남 속에서도 진정성을 실현할 수 있다. 도산의 방향성은 한마디로 나와 남을 구분하지 않고 자아를 실현하며 인격이 바람직하게 성장할 수 있도록 하는 것이다.

9. 용감성(勇敢性)

도산의 4대 정신 중에 옳은 일에 대하여 망설임 없이 나아가는 것이 용감이다. 용감성이란 내면의 소리를 듣고 자신의 감정, 욕구, 생각을 용감하게 표현하는 것이다. 인간은 사회적인 동물이므로 함께 더불어 살아간다. 혼자가 아니라 더불어 살아가기 때문에 마음에 거짓이 없이 일관되게 행동하지 못할 때가 많이 생긴다. 때로는 다른 사람과 친밀한 관계를 깨기 어려워 거짓된 마음으로 말을 하거나 행동하며 살아가기도 한다. 그러다 보면 자신의 감정, 욕구, 생각은 점점 무시되고 타인의 요구와 바람에 순응하며 살게 된다. 자신에 대한 진정성이 사라지는 것이다. 진정성 있는 삶은 자신이 경험한 것을 있는 대로 자각하고 아울러 자신의 감정, 욕구, 생각을 왜곡하지 않고 표현하는 삶이다. 이 과정에서 내면적으로 망설임 없이 자기를 표현해 나아가는 용감성이 매우 중요하다. 이러한 용감성은 투철한 신념이 없이는 쉽게 발휘될 수 없다.

　도산은 다른 사람과의 관계가 깨어지는 것을 아주 싫어하였다. 상대방에게 지극정성을 다하며 항상 존중하고 배려하는 마음을 가지고 살았다. 도산의 이러한 모습은 자신의 감정을 억누른 채 상대방의 비위를 맞추며 살아가는 타자지향적인 사람으로 도산을 오해할 여지를 남긴다. 하지만 도산은 그렇지 않았다. 다음 일화를 통해 도산의 용감에 대하여 살펴보자.

　도산의 아들 필립 군은 중학을 졸업하고 처음으로 영화계에 진출하려고 하였다. 도산을 아끼고 존경하는 동지와 친구들 가운데 일부는 필립 군이 영화계에 진출하는 것을 무척이나 걱정하고 심지어 못마땅하게 여겼다. 그 당시 영화계에 진출하는 것은 천한 사람들이 하는 것이라 생각하여 도산의 이름을 얼마라도 흐려지게 할 것이라고 보았기 때문이다. 이러한 상황에 놓였을 때 도산은 주변 사람들의 충고나 세상 사람들의 인식을 먼저 중요하게 생각하지 않았다. 도산은 그들의 요구나 바람을 뒤로하고 자신의 내부에 있는 마음을 필립에게 용감하게 전했다. "나는 네가 영화계에 나가는 것을 반대하지 않는다. 네가 이 방면에 소질과 취미를 갖고 있는 것을 나는 잘 안다. 오직 진실한 인물이 되고 또 최선을 다해서 잘 하라는 것이 나의 부탁이다."

(장리욱, 2014)

사람들은 높은 지위에 올라갈수록 가족의 희생을 요구할 때가 많이 있다. 도산이 아들 필립에게 이러한 말을 하는 것은 쉽지 않았을 것이다. 하지만 도산은 아들을 믿고 용감하게 말하였다. 결국 그의 아들 필립 군은 할리우드에 아시아 최초로 진출한 배우로 그 연기를 인정받았다.

도산은 평상시 누군가의 말을 무시하지 않고 존중하며 살았다. 하지만 도산의 방향에 맞지 않는 사람에게는 용감하게 거절하는 것을 볼 수 있다. 도산의 동지인 이갑이 청년학우회에 관계하고 싶다는 의사를 보일 때에 "이갑은 청년학우회원은 못 돼." 하고 일언지하(一言之下)에 거절하였다. 왜냐하면 이갑은 목적을 위하여서는 수단을 가리지 아니하는 전략적 행위도 때에 따라서는 사양하지 않았기 때문이다. 그는 민영준에게 받아낸 거액의 재물을 애국운동에 흩어 버리고 말았고, 미녀를 끼고 화월(花月)에 취하는 풍류도 있었으며, 필요하면 살육도 하나의 수단이라고 주장하는 사람이었다. 청년학우회는 도덕적으로 한 점 비난할 수 없는 인격자들로 구성하는 것이 도산의 목표였다. 이러한 목표에 이갑은 적절한 인물이 아니었으므로 가까이에서 독립운동을 같이하는 동지이지만 청년학우회원으로는 받아들일 수 없었던 것이다.

도산이 이토 히로부미와 만나 의견을 나눈 적이 있었다. 그때 이토가 넌지시 도산에게 손을 잡고 함께 청국으로 가자고 제안하였다. 삼국의 정치가가 힘을 합하여 동양의 영원한 평화를 확립하자고 도산에게 심히 음흉하게 말하였다. 이는 당시 한국의 조정에 인물이 없음을 알고 신뢰할 수 있는 사람이 도산이라고 판단했기 때문이다. 하지만 도산은 그 음흉함에 넘어가지 아니하고 이렇게 대답하였다.

  "한, 일 양국의 이런 관계가 계속되는 한 한국인이 일본에 협력할 것을 바라지 마시오. 또 그대가 청국을 거들어서 도울 것을 말하는데, 그것은 한국의 자주 독립을 회복시킨 뒤에 시험해도 늦지 않으리다. 중국의 4억 민족은 일본이 한국을 보호국으로 가지고 있는 한 가지 일만으로도, 결코 일본을 신뢰하지 않을 것이니, 이 세 나라를 위하여 현금의 불행한 사태를 그대의 수완으로 해결하기 바라오."
  도산이 물러간 뒤 이토는 이갑에게 한 마디 던졌다.
  "그 사람 곧은 사람이라 꿈쩍도 않겠어. 앞으로 크게 될지 몰라."

(임중빈 1998: 101)

  일제강점기 시대에 식민지의 한 사람이었던 도산에게 이토 히로부미의 존재는 아주 크게 느껴지고 위협적으로 다가왔을 것이다. 하지만 도산은 어떠한 위협적인 상황이 자신에게 닥친다 할지라도 자신이 경험한 것과 자각한 것을 일치시키며 자신의 감정, 욕구, 생각이 옳다고 여기는 바에 따라 용감하게 표현해 나갔다. 자신의 목숨까지 내어놓고 이토 히로부미에게 한국의 독립에 대하여 자신이 생각하는 바를 용감하게 말하고 있는 것이다.

10. 신뢰성(信賴性)

신뢰성이란 굳게 믿고 의지할 수 있는 성품을 말하는 것이다. 진정성 있는 사람이 되기 위해서는 신뢰가 먼저 형성되어야 한다. 상대방에 대한 믿음 없이는 아무것도 할 수가 없다. 도산은 인간관계에서 이 원리가 중요한 것을 깨닫고 말로만 나타내는 것이 아니라 행함으로 나타내야 함을 강조하였다.

도산이 청운의 뜻을 품고 북미에 상륙하였을 때 미국에 있는 동포의 생활은 정말 참담하였다. 한국인은 더럽고 불결하며 믿을 수 없다는 편견에 시달렸을 때 도산은 교포들에게 다음과 같이 교육하였다. 또한 도산은 스스로 동포들의 집을 찾아다니며 한 집 한 집 청소 운동을 시작하였다. 처음에 도산이 하는 일에 의심도 하고 왜 그렇게 해야 하는지에 대해 이해할 수 없어 거절도 하였지만 점차 도산의 행함을 보고 신임을 하여 자신의 집에 오는 것을 환영하였다. 청결 운동을 시작하였으며 신용을 회복하기 위해서 먼저 솔선수범하면서 행함을 실천하였던 것이다.

"청결을 위주로 하여 이웃 서양인보다 더 깨끗하게 하시오."

"예의를 지키고, 어떠한 일이 있더라도 거짓말을 해선 안 됩니다."

거짓이 없어야 신용을 얻을 수 있기 때문이다. 신용을 얻어야만 돈을 벌 수 있고, 생활을 향상하며, 나아가 민족 전체의 위신을 높일 수 있다. 그래서 도산은 더욱 강조했다.

"예스와 노를 분명히 해야 합니다."

"일단 언약한 것은 이해득실을 떠나서라도 꼭 지켜야

하는 법이오."

　도산이 역설한 바대로 되어, 머지않아 미국인들의 한국인을 대하는 태도가 아주 달라졌다.

　"한국인 노동자는 믿을 수 있게 되었어요. 안심하고 일을 맡겨도 좋게 되었지 뭡니까."

　"그래요, 한국인의 상점에서는 무엇이든지 안심하고 살 수 있게 됐거든요."

　"그뿐인가요. 한국인들과 약속은 틀림없다니까요."

　"그게 다 안창호라는 사람의 힘이라더군요."

(임중빈, 1998: 141)

　도산은 말과 행동의 일치를 보이기 위해 노력하였다. 돈이 필요하다고 도움을 요청하는 소년에게 약속을 하고 그 약속을 지키기 위해 자신의 목숨까지도 아끼지 아니하였다. 그것은 소년이 도산을 신뢰하고 있다는 것을 알았기 때문이며 도산 역시 소년을 신뢰하고 있었기 때문이었다. 소년은 민족의 미래이며 나라를 위해 꼭 필요한 인물임을 굳게 믿고 의지하였기에 그와의 약속을 깰 수 없었을 것이다.

도산의 신뢰성은 언어의 유창성이 아니라 말과 행동의 일치성이며 내면에 대한 일치성이다. 상대방에게 신뢰를 얻는다는 것은 참으로 어렵다. 내가 먼저 상대방을 신뢰하는 마음으로 다가설 때 상대방은 그 마음을 열고 속을 보여 주기 때문이다. 인간은 이기적이어서 상대방에게 나의 마음을 보여 줄 수 있는 사람인가를 먼저 평가하게 된다. 평가를 통해 그 사람에게 나의 속을 보여도 괜찮은지 아닌지를 판단하여 결정한다. 이때 상대방의 마음을 열 수 있는 유일한 열쇠는 도산이 보여 준 신뢰성이다. 도산의 신뢰성은 상대방에 대한 무한한 믿음이 있었기에 가능했던 것이다.

11. 현전재성(現全在性)

현전재성은 현재 전체로 함께 존재한다는 뜻이다. 지금-여기에서 자신이 느끼고 있으며 경험하는 모든 현상에 대해서 거부하지 않은 채 전체로 느끼고 경험하면서 더불어 함께 있는 것을 말한다. 도산은 4대 정신(務實, 力行, 忠義, 勇敢)으로 인격을 수양하고 건전한 인격을 완성하는 것을 궁극적인 목적으로 보았다. 나라를 사랑하거든 먼저 건전한 인격이 되기를 말하고 항상 만나는 모든 이들에게 건전한 인격을 갖추어야 함을 강조하였다. 또한 그는 인격에 대하여 "가새나무엔 가새가 열리고, 포도나무에는 포도만 열리는 것입니다."라고 말한 바 있다. 그 사람의 인격이 제대로 갖추어져 있지 않다면 그 어떤 것을 한다 할지라도 원하는 열매를 얻을 수 없다는 것이다. 건전한 인격을 갖춘 사람이야말로 현전재성을 지니고 있다고 볼 수 있다. 도산은 현전재성을 지니고 있었기에 많은 사람들이 존경하고 따랐다. 도산이 감옥으로 가는 날이면 새벽에 재판소 뜰에는 남녀 동지와 친지 등 100명이 넘는 사람들이 모였다. 이러한 자리에 오는 것만으로도 경찰의 감시 명부에 오를 수 있기 때문에 위험한 일이지만 평소 도산을 그만큼 존경하였기 때문이다. 도산이 송태에 숨어 있을 때에도 그를 보려고 평양 등에서 청년이나 부녀자 등이 줄지어 찾아와서 그를 위로한 것을 보아서도 알 수 있다.

　도산은 1920년 6월 12일 토요일 일기에서 자신을 모함하는 자들에 대하여 '내 웃을 뿐이다.'라고 표현하였다. 그의 인격이 갖추어져 있지 않다면, 남중인을 박멸하기 위해 도산이 부하에게 명하여 체포하고 구타하였다는 중상모략을 듣고 '그저 웃는다.'는 표현을 일기에 쓰지 않았을 것이다. 일기라는 공간은 나만이 볼 수 있는 사적인 공간이기에 그의 인격이 더 잘 드러나기 때문이다.

　이동녕(李東寧), 이시영(李始榮) 군을 방문하고 정부의 유지하기 난(難)한 것을 말하고 정무 진행은 극단의 소극적 주의를 취하자 하다. 이때 철혈단(鐵血團)에서 불온문자를 간포(刊布)하였는데 내용은 현 정부를 파피하여 개조하고 암살하겠다는 뜻이더라. 정환범 연루자 체포 및 그 후 다수인 체포 구타한 일은 도산(島山)이 부하를 명하여 남중인(南中人)을 박멸하려 했다는 시비가 있다고 재무총장이 말하는지라. 내 웃을 뿐이다.

(안병욱, 안창호, 김구, 이광수 외, 2004: 312)

예화를 살펴보면서 도산의 현전재성에 대하여 자세하게 알아보도록 하자. 어느 날 도산은 여행 중에 강서군에 있는 되다리 근처에서 밤중에 강도를 만난 일이 있었다. 그때 도산은 강도가 요청한 대로 조용히 돈을 건네주면서 도둑질은 죄가 되니 이런 일은 하지 말라고 타일렀다고 한다. 도둑은 도산과의 짧은 만남을 통해 그 말에 감화되어 도둑질을 청산했다는 것이다. 이것이 바로 도산에게 찾아볼 수 있는 현전재성이다. 도산이 무엇인가 하지 않아도 그의 인격이 갖추어져 있으므로 그냥 지금-여기에 충실하고 그때의 경험을 거부하지 않고 받아들여 충고를 했을 뿐인데 도둑은 변화된 것이다. 도둑의 이러한 변화는 '너와 나'가 분리된 것이 아니라 '너와 나', 즉 도산과 도둑이 하나 되는 동체적인 만남을 경험했기 때문에 가능했다.

"도둑질은 죄가 되니 다시 이 짓은 마시오." 하고 간절히 타일렀다. 도둑 중 한 사람이 도산의 얼굴을 유심히 바라본 뒤 반문하는 것이었다.

"당신은 안창호 씨 아닙니까?"

"그렇소."

도둑은 돈을 슬그머니 도로 내놓았다. 그의 손은 떨렸다.

"어서 그 돈을 가지고 가서 밑천 삼아 장사라도 하시오."

도산의 말에 감화되어 범죄 생활을 청산했다는 후일담이다.

(임중빈, 1994, pp. 89-90)

이 밖에도 많은 이들이 도산과 동체적인 만남을 경험하고 그들의 삶이 바람직한 방향으로 변화된 경우가 많이 있다. 그중에 남강 이승훈은 도산의 연설을 듣고 새로운 인생을 살게 되었다. 남강은 일찍이 양친을 여의고 상업에 종사하며 전국을 행상으로 떠돌며 상당한 재력을 축적했다. 정규교육을 받지 못한 이승훈은 전형적인 장사꾼이었으나 도산을 만남으로 한국의 Pestalozzi가 되었다.

1907년 7월 미국에서 돌아온 도산이 연설을 한다는 소식을 듣고 남강은 도산의 연설을 듣기 위해 모란봉 밑 공자묘가 있는 명륜당으로 갔다.

"백성 한 사람 한 사람이 덕스럽고 밝고 힘 있는 사람이 되기 전에 이 어둡고 흩어지는 백성의 떼를 가지고 부강하고 영광된 나라를 만들 수는 없는 것입니다. 우리에게 오직 한 가지 길이 남아 있으니, 그것은 3천리 방방곡곡에 새로운 교육을 일으켜 3천만 한 사람 한 사람이 덕과 지식과 기술을 가진 건전한 인격이 되고, 이 같은 새사람들이 모여 서로 믿고 돕고 성스러운 단결을 이루어 민족의 영광을 회복하는 기초를 닦는 일이 있을 따름입니다."

(임중빈, 1998: 95)

그때 도산의 열변에 감격해 장내가 흐느껴 우는 소리와 팔소매로 눈물을 씻는 광경이 펼쳐졌다. 부녀자들은 머리에 꽂았던 비녀, 손가락의 가락지를 바치고 남자들은 돈을 꺼내어 학교 설립의 기부금으로 내놓았다. 연설이 끝나자마자 남강은 많은 무리를 헤치고 앞에 나아가 도산의 손을 잡고 이렇게 말했다. "돌아가 그대 말대로 실천하기를 작정하겠소." 남강은 도산의 연설을 듣고 돌아온 이튿날로 머리를 깎고 술과 담배를 끊기로 결심했다. 고향으로 돌아간 남강은 학교를 세우는 일을 시작하여 그해 8월 초순에 강명의숙을 설립했고, 12월 24일에는 오산학교를 설립하여 도산의 철학을 이어 학생들에게 계승하고 애국하는 마음을 함양하도록 하였다.

연설은 그 사람의 생각과 철학을 간접적으로 만날 수 있는 도구이다. 도산처럼 인격이 갖추어진 사람이 하는 연설은 진정성이 느껴져 왠지 모르게 그 사람의 인격에 이끌려 사람의 마음과 생각을 움직이게 한다. 도산은 인생에서 항상 지금 이 순간에 충실히 살아가면서 자신의 감정을 올바른 방향으로 표현하며 지금 나에게 느껴지는 경험을 온전히 받아들이며 살았다.

6

현대 상담에서 보는 진정성

1. 진정성의 개념

진정성에 대한 개념은 김예실, 이희경(2010)이 공동 연구한 「진정성에 대한 고찰」에서 요약·정리해 보았다. 진정성(authenticity)은 고대 그리스 철학에 그 뿌리를 두고 내려온 주제로 시대의 흐름에 따라 자기에 대한 이해가 변화되면서 그 개념이 발전해 왔다.

자신을 알고 그에 따라 행동하는 진정성은 역사에 걸쳐 내려오는 도덕적 요청이었으며 개인과 사회의 안녕감에 영향을 주는 미덕이었다. 그러나 과학 기술의 발달과 더불어 고도로 분화된 현대사회에서 개인은 다양한 관계와 사회 역할 가운데 놓이게 되었고 이로 인해 개인의 진정성은 위협을 받게 되었다. 그로 인해 철학 분야뿐만 아니라 심리학에서도 진정성에 대한 관심이 20세기 중반에 일어나기 시작했다. 심리학에서는 자신의 진정한 자기에 대한 지식을 소유하고 이를 표현하는 것이 정체성 획득의 이정표이자 건강한 관계 상호 작용 기능의 핵심요소이며 심리적 안녕감과 중요한 상관이 있는 것으로 간주되면서 진정성에 대한 관심이 높아졌다. 인본주의 학자인 Maslow(1968)는 자신의 참 본성을 발견할 때 진정성을 경험한다고 보았다. Rogers(1961)는 진정성을 유기체 경험과 그 경험에 대한 지각, 그리고 행동 사이의 일치로 정의하면서 경험 안에서 참자기를 발견할 때 더 건강하고 온전히 기능하는 사람이 된다고 보았다.

그동안 심리학 문헌에서 진정성의 구성개념은 흥미로우면서도 이해하기 어려운 것으로 간주되어 왔다. 왜냐하면 진정성의 조작적 정의에 대한 의견 불일치가 있었기 때문이다. Rogers는 진정한 자기를 그 개인의 마음 안에 존재하는 것으로 본 반면 Bem은 행동의 표면에 두었다. 또 다른 불일치는 진정성을 참자기를 나타내는 안정적인 내적 구조와 같은 개인차 변인으로 볼 것인지, 특정한 타인과의 관계에서 자기에 대한 독특한 경험을 뜻하는 관계 구성개념으로 볼 것인지, 아니면 이 둘의 조합으로 볼 것인지에 있다.

진정성을 개인 특성으로 본 학자들로는 Martens, Kemis와 Goldman 그리고 Wood 등이 있다. Martens는 진정성을 네 가지 측면으로 개념 정리한 정신분석 견해를 도입하여 진정성을 일치성, 생동감, 깊이, 성숙도로 구성된 개념으로 정의하였다. 일치성은 개인 정체성의 통합을 의미하며, 생동감은 욕구충족으로 인한 즐거운 권한획득을 나타내고, 깊이는 자신의 내면에 접근할 수 있는 개인의 능력을 뜻하며, 성숙도는 일치성과 생동감을 잃지 않으면서 자연, 사회, 그리고 내적 세계와 타협할 수 있는 능력과 의지를 의미한다. Kemis와 Goldman(2006)은 개인의 기본적인 심리욕구인 유능성,

자율성, 관계성을 만족시키는 방식으로 자기 조절을 할 때 진정성을 얻게 된다고 보는 자기결정이론에 크게 영향을 받았다. 이들은 진정성을 첫째, 자기 이해를 반영하며, 둘째, 핵심자기 측면을 객관적으로 수용하고 인식하려는 의지와 능력을 뜻하며, 셋째, 진정성은 자기 지식에 뿌리를 둔 행동과 자신의 가치를 표현하는 특정 행동을 반영한다. 넷째, 진정성은 타인을 향한 각별한 지향으로 친밀한 관계에서 개방성, 성실성, 참됨을 가치 있게 여기고 추구하는 것을 뜻한다. Wood 등(2008) 이들의 진정성 개념은 유기체 경험, 의식화된 지각, 행동 사이의 일치성을 진정성으로 보는 인본주의 이론에 기반을 두고 있다. 진정한 사람은 자기 소외가 적고 진정한 삶을 살며 타인의 영향에 순응해야 한다는 생각이 적은 사람을 의미한다.

진정성을 관계 맥락에서 이해한 학자는 Mitchell, Morgaine, 그리고 Lopez와 Rice가 있다. 이들은 진정성이 상태 의존적이어서 관계 맥락에 따라 역동적이라는 입장을 취한다. Mitchell(1992)은 핵심자기가 존재한다는 견해에 반대하면서 진정성을 관계 특징 현상으로 개념화하였고, 개인이 시간이 지남에 따라 다양한 정서와 인지를 경험함에 따라 만들어 내는 의미 가변적이고 주관적인 구성으로 보았다. Morgaine(1994)도 진정성을 상호성과 존중에 바탕을 둔 자기 형성 과정에서 생기는 자연스러운 부산물로 보면서 관계 맥락에서 발생한 것으로 보았다. Lopez와 Rice(2006)는 관계의 진정성을 '개인적 불편과 파트너의 비승인 및 관계 불안정의 위험을 무릅쓰고 생생한 자기 경험에 대하여 정확하게 교환하기를 선호하는 관계 도식'으로 정의하면서 두 개의 요인으로 구성된 관계 특징인 상호관계 도식으로 이해하였다.

진정성을 개인별 특성과 관계 구성개념의 조합으로 본 견해는 Harter와 Sheldon이 있다. 이들은 진정성이 넓게는 개인 기질이지만 좁게는 관계 맥락에 따라 변할 수 있는 역동적인 개념으로 이해한다. 진정성의 선두주자인 Harter(1999)는 진정성을 '자기의 개인 경험을 소유하고 자신의 생각, 감정, 욕구, 바람, 선호, 믿음

대로 존재하며, 내적인 경험과 일치하는 방향으로 자기를 표현하는 것'으로 정의했다. 그는 개인이 얼마나 관계에서 자기 가치를 느끼는가를 중요하게 보았다. Sheldon(2004)은 진정성에 대한 개관논문에서 통합성, 진정성, 정직을 비슷한 개념으로 간주하면서 이들을 자기 자신에게 참되고 자신의 내적 상태, 의도, 책임을 정확하게 나타내는 성격 특질을 반영한다고 보았으며 진정성을 정서적 진실성과 심리적 깊이로 언급했다.

진정성은 분명히 개인차 특성이지만 관계상황에 따라 영향을 받을 수 있는 역동적인 성격을 갖고 있다고 보는 것이 유용할 것으로 보인다. 그리고 진정성에 대한 다양한 정의와 구성개념들 속에서 공통된 핵심 개념은 '참자기를 이해하고 그와 일치하는 방식으로의 행동'으로 볼 수 있다.

2. 진정성의 현대적 정의

1957년 Rogers가 발표한「치유적 인격 변화의 필요충분조건」이라는 논문(Rogers, 1957)은 인간중심상담 발달의 중요한 사건으로 보고 있다. 왜냐하면 인간중심상담이 지향해야 할 상담의 목표와 방법을 이 조건들 중심으로 명확하게 밝히고 있기 때문이다. 위 논문에서 제시된 여섯 가지 필요충분조건은 공감, 일치(진정성), 무조건적 긍정적 존중, 청담자를 대하는 상담자의 태도가 깊고 순수해야 한다는 점, 상담자와 청담자의 개인적인 방식으로 연결되어야 한다는 점, 상담자에 대한 청담자의 지각을 주목해야 한다는 점이다. 그 가운데 Rogers는 일치(진정성)에 대하여 다음과 같이 말하고 있다.

우선 상담자가 진정한 자신일 때, 청담자와의 관계에서 순수하고, 아무런 '겉치레'나 가면 없이 순간순간 자신의 안에서 흐르는 느낌과 태도에 열려 있을 때 개인의 성장이 촉진된다고 나는 생각한다. 우리는 이러한 조건을 그려 내기 위해 '일치성(진정성)'이라는 용어를 사용해 왔다. 이는 상담자가 경험하는 느낌들은 그에게 유용하며, 그의 인식에 유용할 뿐 아니라 그가 이러한 느낌을 살 수 있고, 관계 속에서 그것들이 될 수 있으며, 적절하다고 판단되면 그들을 표현할 수 있다는 것을 의미한다. 이는 그가 인격-대-인격의 터 위에서 청담자를 만나는, 청담자와 직접적인 인격의 접촉을 하고 있다는 뜻이기도 하다. 이는 그가 자신을 부인하지 않는, 자기 자신이 됨을 뜻한다. 이러한 조건을 완전하게 성취한 사람은 아무도 없지만, 상담자가 자신의 내면에서 진행되는 것들을 수용하며 더 잘 들을수록, 두려워하지 않고 복잡한 자신의 느낌들이 될 가능성이 더 많아지고, 일치의 정도도 더 커질 수 있다.

나는 우리가 이러한 특성을 일상생활에서 쉽게 접할 수 있다고 생각한다. 우리 모두는 우리가 아는 사람들 중에 항상 가면 뒤에 숨어서 활동하는 것 같은 사람, 무슨 연기를 하는 것 같은 사람, 느끼지도 않은 것을 말하는 사람들을 찾아낼 수 있다. 그들은 불일치함을 보여 주고 있다. 우리는 그런 사람들에게 자신을 깊이 있게 드러내지 않는다. 한편, 우리 모두는 우리가 신뢰할 수 있는 사람들도 알고 있다. 우리는 그들이 진정한 자신이라는 것을 알 수 있고,

우리가 허례나 전문가의 가면이 아니라 그 사람 자신을 접하고 있다는 것을 알기 때문이다. 바로 이것이 우리가 말하려는 특성이다. 상담자가 관계 속에서 더 순수하고 더 일치할수록 청담자에게서 성격 변화가 일어날 확률은 그만큼 더 커진다.

나는 피상적인 것이 아니라 깊고 진실된, 상담자 속에서의 진실성에 대해 말하고 있다는 것을 분명히 하고 싶다. 나는 이따금 이 인격의 일치성 요소를 묘사할 때 투명성이라는 낱말이 도움이 된다고 생각한다. 만일 내 속에서 진행되는 상담 관계에 적합한 모든 것을 청담자가 볼 수 있다면, 만일 그가 '나를 투명하게 꿰뚫어' 볼 수 있다면, 그리고 관계 속에서 내가 기꺼이 이 진실성을 내보일 수 있다면, 그 속에서 우리 두 사람 모두 배우고 발전하는 의미 있는 만남이 될 것이라고 나는 거의 확신할 수 있다.

(박성희, 2012: 407-426)

Rogers는 일치 외에도 신뢰, 투명, 순수, 진실 등의 용어를 사용하여 진정성을 설명하기도 하였다. 일치성에 대한 개념은 Rogers와 그의 후학들에 의해 꾸준히 탐구되면서 그 의미가 보다 충실해지고 있다. 특히 국내에

서는 최근에 박성희(2011)는 Rogers와 그의 후학들이 발
전시킨 진정성의 내용을 여덟 가지로 정리하고 이를 체
계적이고 심도 있게 연구하였다. 박성희는 진정성을 일
치성, 투명성, 순수성, 진솔성, 통합성, 성실성, 현전재
성, 신뢰성을 아우르는 용어로 보고 있다.

첫째, 일치성이다. 진정성을 말할 때 가장 많이 등장
하는 용어가 일치이다. 그것은 '경험과 인식'의 일치, '인
식과 표현'의 일치를 말한다. 경험과 인식의 일치는 내
부적 일치, 인식과 표현의 일치는 외부적 일치라고 한
다. 경험과 인식의 일치는 개인이 내면에서 느끼는 느
낌과 이에 대한 자각의 일치를 뜻하고, 인식과 표현의
일치는 자각한 내용과 이를 드러내는 의사소통의 일치
를 뜻한다.

둘째, 투명성이다. 앞에서 말한 일치 중에서 특히 외
부적 일치, 즉 인식과 표현의 일치를 투명성이라고 한
다. 투명성은 속까지 환히 비치도록 맑고 분명함을 말
하는데, 내면에서 진행되는 생각이나 느낌을 바깥으로
드러낼 때 있는 그대로 맑고 투명하게 표현하라는 말

이다.

셋째, 순수성이다. 일치와 투명성을 포함하는 개념으로 경험과 인식, 인식과 표현의 일치라는 개념을 포함하면서도 조금 다른 의미를 가진다. 아무것도 섞이지 않은 순수한 마음으로 철저하게 '상대를 위하여' 마음을 내라는 말이다. 우리가 금이나 알코올의 순도를 몇 %라고 말할 때 이 순도는 가짜가 섞이지 않은 진짜를 의미하는데, 순수성에는 바로 이런 뜻이 있다.

넷째, 진솔성이다. 진솔성은 말 그대로 참되고 솔직하다는 뜻이다. 꾸밈, 가식, 왜곡, 과장, 가면 없이 '있는 모습 그대로' 진솔하게 자신을 드러내는 특성을 말한다.

다섯째, 통합성이다. 통합성은 자신에게 일어나는 다양한 경험을 유기적으로 연결하는 일, 그리고 경험들 사이의 자유로운 흐름을 가능케 하는 소통을 포함한다. 통합성은 다양한 층위에서 일어나는 경험들에 질서와 방향을 부여함으로써 전체적으로 통일성과 일관성을 갖추게 한다. 생각으로는 상대와 화해하고 싶은데 그것이 행동으로 옮겨지지 않는다면 상대와 화해하고 싶다는 생각의 진정성을 의심해 봐야 할 것이다.

여섯째, 성실성이다. 성실성은 정성스럽고 진실된 품성을 말하는데, 여기서는 특히 정성스러움에 초점이 맞춰져 있다. 성실성의 대상은 상대방이며 경험들이다. 상대방을 제대로 만나려면 무엇보다도 그에게 깊은 관심과 정성을 쏟아야 하며 그 사람이 하는 말에 성실하게 귀를 기울이며 그의 세계에 온전히 파고들어야 한다. 또한 대화를 하면서 자신의 내면에서 일어나는 모든 경험을 왜곡함 없이 자신의 것으로 충실히 '살아야' 한다. 마음을 열어 놓은 채로 내면 속에 흐르는 온갖 상념을 생생하게 살아 있는 실제로 경험해야 한다.

일곱째, 현전재성이다. 현전재성은 '현재 전체로 함께 존재한다.'는 말을 줄인 것으로 지금 이 순간에 전체로 존재한다는 뜻이다. 과거나 미래가 아닌 지금–여기에서 자신이 감각하고 인식하고 느끼고 의식하고 접촉하는 등 자신에게 일어나는 온갖 현상을 거부하지 않은 채 전체로 느끼고 경험하면서 더불어 있는 것을 말한다. 현전재성은 진정성이 활동이나 행위보다 인격이

나 사람 됨됨이 자체와 보다 가깝다는 점을 강조하고 있다.

여덟째, 신뢰성이다. 신뢰성은 믿고 의지할 수 있는 품성을 뜻한다. 신뢰성은 진정성을 갖추기 위한 조건이라기보다는 진정성의 목적 내지는 결과라고 보는 편이 정확하다. 즉, 상대방으로 하여금 나를 신뢰하게 하기 위하여 진정성 있게 대한다거나, 진정성 있게 상대를 대할 때 상대의 마음속에 나를 신뢰하는 마음이 생기기 때문이다. 상대를 바람직한 방향으로 변화시키기 원할 때 제일 먼저 해야 할 일은 신뢰를 쌓는 일이다.

앞에서 진정성을 구성하는 여덟 가지 요소를 말하였는데, 이 중에서 인간중심상담의 초기에는 일치성이 특히 더 강조되었다면 후기로 가면서 보다 포괄적인 개념인 현전재성이 강조된다고 말할 수 있다. 일치성을 진정성으로 볼 때 일치성은 구체적인 방법이요 도구로 간주되며 상담자가 기술적으로 충분히 해낼 수 있는 일이다. 그러나 현전재성을 진정성으로 볼 때 다른 사람의 자아실현을 돕는 방법이나 도구가 아니라 자기 자신을 실현하는 활동이라는 뜻이다. 청담자를 위해 상담자가 특별히 무엇을 하는 것이 아니라 청담자와 함께 있으면서 그냥 자기 자신이 되는 것으로 충분하다. 일치성과 현전재성은 진정성의 내용을 떠받치는 두 기둥으로서 모두 그 가치가 존중되어야 한다(박성희, 2014).

3. 만남의 네 차원과 진정성과의 관계

만남은 인간관계의 필수 과정으로서 상담의 기본이자 상담의 성패를 좌우하는 결정적인 요소이다. 이러한 만남을 박성희(2014)는 도구적 만남, 인격적 만남, 생성적 만남, 동체적 만남, 네 가지로 나누고 만남과 상담 관계의 연관성을 연구한 바 있다. 여기서는 간단하게나마 만남의 네 차원과 진정성의 관계를 살펴보겠다.

도구적 만남은 상대방을 하나의 도구나 수단으로 대하는 만남이다. 이 관계는 일방적이요, 자의적이요, 도구적일 수밖에 없다. 그 대상은 언제나 나의 필요와 욕구에 따라 일시적으로 스쳐 가는 것일 뿐 나의 본질이나 실존에 아무런 영향을 끼치지 못한다. 도구적 만남에서 중요한 것은 언제나 '나'이며, 나의 욕구와 필요이다.

인격적 만남은 도구적 만남보다 진일보한 만남으로 '나'가 만나는 상대는 나와 동일한 인격을 갖춘 존재로 인정되고 존중된다. 이 만남은 Buber가 말하는 '나-너' 관계의 일면을 담고 있는 만남, 즉 참만남이라고 한다. 참만남, 인격적 만남은 진짜로 나와 달라 수수께끼와 같은 너를 있는 그대로 껴안는 것이라고 말할 수 있다 (박성희, 2011). 인격적 만남은 상대방을 자기처럼 인정하고 존중한다. 서로 존중하되 일정한 선을 지킴으로써 서로의 삶에 근원적 변화가 일어나는 일에 거리를 두는 것이다. 상대방의 다름에 열려 있기는 하지만 기본적으로 자신과 대상, 나와 너를 둘로 가르고 분리하는 이분법을 넘어서지 못하는 만남이라고 말할 수 있다.

생성적 만남은 인격적 만남에서 한 걸음 더 나아간

다. 만나는 상대방을 인격적으로 존중할 뿐 아니라 상대방과 더불어 새로운 차원의 공동체를 만들어 가는 것이다. 한마디로 '나'와 '너'가 만나서 '우리'를 생성해 가는 관계로서 나와 너를 넘어서서 새로운 차원으로 관계를 창조해 가는 힘을 가지고 있다. 예를 들어, 부부 사이에서 남편이 아내를 존중하려고 할 때 그 존중은 원래 남편이 의도했던 뜻대로 펼쳐지지 않는다. 아내라는 변수를 만나면서 남편의 존중은 예상치 못한 형태로 바뀔 수 있다. 그리하여 남편의 존중으로 시작한 나와 너의 관계는 '우리'라는 새로운 차원으로 발전한다. 결국 이러한 과정을 거치면서 남편과 아내는 모두 새롭게 변화되며 성장하게 되는 것이다.

동체적 만남은 위의 만남들과 근본적으로 차이가 있다. 다른 만남들은 모두 나와 너를 둘로 가르는 이분법에 근거를 두고 있다. 이에 비해 동체적 만남은 처음부터 하나에서 출발함으로써 이분법을 넘어서 나와 너가 아니라 우리('큰 나')라는 하나의 몸(동체)이 전제되고 그 안에서 만남과 관계가 이루어지는 것이다. '큰 나' 안에서 너는 나의 투영이며, 나의 표현이며, 나의 가능성이며, 나가 실현된 또 다른 모습이다. 따라서 '큰 나' 안에서 나와 너의 만남은 내가 나를 만나는 것과 다르지 않다. 동체적 만남의 기초는 '나'가 '너'를 대하듯 '너'를 대하는 데에 있다. 실제 몸은 나와 따로 떨어져 있지만 본질상 너는 나의 다른 표현에 불과하기 때문에 너의 행동은 너의 행동이면서 동시에 나의 행동이기도 하다. 다시 말해, 너의 몸을 통해 표현된 행동들은 달리 보면 나의 어떠함이 투영되고 실현된 행동이라는 말이다. 따라서 나의 행동을 받아들이듯 너의 행동 역시 나의 것으로 받아들이는 만남, 이것이 동체적 만남이다.

이제 만남의 네 차원을 상담의 진정성과 관련지어 살펴보자. 상담은 언제나 청담자에게 초점이 맞춰져야 하므로 가능한 한 피해야 할 만남은 도구적 만남이다. 인격적 만남은 상담자가 청담자에게 지켜야 할 최소한의 예절이다. 상담이 시작되는 시점부터 상담자는 청담자의 다름을 인정하고 청담자에게 다르게 생각하고 다르게 느끼고 다르게 행동할 수 있는 권리를 주어야 한다.

인격적 만남을 도울 수 있는 방법이 Rogers가 제시한 진정성, 무조건적 긍정적 존중, 공감적 이해이다. 생성적 만남은 상담자와 청담자 서로의 삶을 공유하고 체험하는 포용하는 관계이며 상호협력인 관계이다. 객관적인 태도를 유지하며 단순히 청담자를 수용하고, 공감하고, 진정성 있게 대하는 차원을 벗어나 적극적으로 자신을 열어 놓고 청담자에게 참여해 들어가야 한다. 동체적 만남은 상담자와 청담자를 큰 하나에 속하는 동체적 존재라고 간주한다. 이렇게 볼 때 상담자와 청담자는 본질상 하나의 다른 표현에 불과하다. 따라서 상담 과정에서 상담자는 청담자를 위해 특별히 무엇을 하는 것이 아니라 자신의 내면에 흐르는 생명의 흐름을 자연스럽게 접촉하고 누리는 것으로 충분하다. Rogers는 이 과정을 현전재라는 이름으로 설명하고 있다. 청담자의 실수, 실패, 좌절, 슬픔, 성공, 기쁨, 희열 등을 상담자 자신의 것으로 받아들이고 함께 울고 웃으라는 말이다(박성희, 2014).

결국 진정성은 도구적 만남을 제외한 세 가지 만남

그러니까 인격적 만남, 생성적 만남, 동체적 만남의 토대가 됨을 알 수 있다. 특히 진정성을 대표하는 현전재성은 동체적 만남을 실현하는 구체적인 방법이라는 점에서도 주목할 필요가 있다. 상담에서 현전재성이 차지하는 중요성을 Rogers는 다음과 같이 강조하고 있다.

내가 나의 내적 · 통찰적 자아와 가장 가까이 있을 때, 내가 자신 속에 있는 알려지지 않은 부분과 접촉하고 있을 때, 아마도 내가 약간 다른 상태의 의식에 있을 때, 내가 하는 무엇이든지 치유적 힘이 충만한 것처럼 보입니다. 그리고 '나의 현전재 자체'가 다른 사람들을 즐겁게 하고 도움이 됩니다. 이 경험을 강요하기 위하여 내가 할 수 있는 것은 아무것도 없습니다. 하지만 내가 이완되고 나 자신의 초월적 핵심에 가까이 있을 때, 나는 관계에서 합리화하기 어려운 다소 이상하고 충동적인 방법으로 행동하기도 하는데, 이는 나의 의도적인 생각과 아무 관계가 없습니다. 그러나 이 이상한 행동은 조금 이상한 방법으로 결국 옳았다고 증명됩니다. 이는 마치 나의 내부 영혼이 뻗어 나와 다른 사람의 내부 영혼에 닿는 것처럼 보입니다. 우리의 관계는 '우리'를 초월해서 보다 큰 어떤 것의 일부가 되는 것 같습니다. 그 순간 아주 깊은 성장과 치유와 에너지가 함께 존재합니다.

(박성희, 2012: 413-414)

도산의 진정성과
현대 상담의 진정성 비교

이 장에서는 도산의 삶 속에서 찾아낸 진정성을 박성희(2011)가 정리한 진정성의 내용 여덟 가지와 비교하여 차이점과 공통점을 찾아내고, 이것이 진정성이라는 개념에 주는 시사점을 탐구할 것이다.

1. 공통점

첫째, 일치성이다. 현대 상담에서 진정성을 말할 때 가장 먼저 등장하는 용어가 바로 일치성이다. 현대 상담에서뿐만 아니라 도산에게서도 일치성은 쉽게 찾아볼 수 있다. 자신의 지위와 상황 때문에 자신의 생각이나 느낌을 제대로 표현하지 못할 것으로 여겨지는 장면에서도 도산은 그렇게 하지 않았다. 도산은 자기 자신의 내부에서 일어나는 감정을 자각하고 동지들에게 때로는 눈물을 보이기도 하고, 때로는 오해와 의심을 받을 것을 뻔히 알면서도 당당하게 의혹을 버리라는 연설을 하기도 하였다. 또한 가족들에게도 서슴없이 독립운동에 헌신하는 자신을 없는 사람으로 여기라는 뼈아픈 말을 하곤 했다.

도산에게서 나타난 일치성은 자신에게 경험된 감정을 자각하고 그것을 있는 그대로 표현하는 방식으로 나타난다. 즉, 감정의 자각과 표현을 일치시킨 것이다. 이는 현대 상담에서 말하는 일치성, 다시 말해 '경험과 인식'의 일치, '인식과 표현'의 일치와 정확하게 부합한다. 내면에서 일어나는 느낌은 경험을 뜻하고, 인식은 알아챔, 지각, 해석, 판단, 평가 등의 지적 기능을 뜻하며, 표현은 내면에 있는 내용을 외부로 드러내는 것을 뜻한다. 도산에게서 나타난 일치성에서 '자신에게 경험된 감정을 자각하는 것'은 '경험과 인식'의 일치이며, '그것을 있는 그대로 표현하는 것'은 '인식과 표현'의 일치에 해당한다고 말할 수 있다.

둘째, 순수성이다. 도산은 사람들과 만날 때 사심을 채우려 하지 않았다. 순수한 마음으로 돈을 빌려 달라는 소년과의 약속을 지키려다 경찰에 잡혀 곤욕을 당하기도 하였고, 이성으로 다가오는 동지를 깨우쳐 피차간에 순수함을 지켜 냈으며, 정치를 할 때에도 자신의 욕심을 버리고 순수한 마음으로 나라의 유익을 구하였다. 도산이 보여 준 순수성은 아무것도 섞이지 않은 순수한 마음으로 철저하게 '청담자를 위하여' 마음을 내라는 현대 상담의 순수성과 정확하게 일치한다.

셋째, 무실성이다. 무실성은 우리의 생각과 말에 거짓이 없고, 참되게 살아가는 것을 말한다. 한마디로 정직하게 살아가는 것을 말한다. 도산은 평소 이 무실에 대해서 매우 강조하였다. 배움을 위해 미국 초등학교에 입학하려 할 때 나이에 대해 거짓말을 하라는 충고를 거부한 일, 샌프란시스코에서 인삼 장사를 할 때 중국 인삼을 고려 인삼이라고 속여 팔자는 말을 딱 잘라 거절한 일화 등에서 보여지듯 그의 인생은 무실을 빼곤 설명할 수가 없다. 현대 상담에서는 도산의 무실성을 진솔성으로 표현하고 있다. 진솔성이란 말 그대로 참되고 솔직하다는 뜻이다. 꾸밈이나 가식, 왜곡이나 과장, 가면 없이 '있는 그대로' 진술하게 자신을 드러내라는 것이다. 단어의 표현방식만 다를 뿐이지 있는 그대로 솔직하게 나타낸다는 점에서 둘은 일맥상통한다.

넷째, 성실성이다. 성실성은 정성스럽고 진실된 품성을 말하는데, 특히 정성스러움에 초점이 맞춰져 있다. 도산의 성실성은 자기 자신, 사물, 사람, 나라 등 대상을 불문하고 그가 만나고 접하는 모든 것에서 나타난다. 문지방 앞에 어지럽게 놓여 있는 신발 하나하나를 정성스럽게 정돈하고, 동지들의 피땀으로 모은 독립자금을 한 푼도 허술하게 낭비하지 않고, 동지들이 어려움을 당할 때 그들에게 도움이 된다고 생각하는 모든 것에 지극정성을 다하며 나라의 독립을 위해 평생 성실한 삶을 살았다. 성실성에 대한 근본 개념은 도산이나 현대 상담이나 같지만, 현대 상담에서 말하는 성실성은 대화하는 상대방(청담자)에 주로 초점을 두고 있다는 점에서 도산의 성실성에 비해 폭이 좁은 편이다. 도산에게서 나타나는 정성스럽고 진실된 품성은 대화하는 상대방에 대해서뿐 아니라 현재 만나고 있는 모든 대상, 이를테면 생물이나 물건까지 다 포괄한다는 점에서 그 폭이 매우 넓다는 특징이 있다.

다섯째, 현전재성이다. 현전재성은 현재 전체로 함께 존재한다는 뜻이다. 지금-여기에서 자신이 느끼고 있으며 경험하는 모든 현상을 거부하지 않은 채 전체로 느끼고 경험하면서 함께 있는 것을 말한다. 도산은 4대 정신(務實, 力行, 忠義, 勇敢)으로 인격을 수양하고 건전한 인격을 완성하는 것을 궁극적인 목적으로 보고 있다. 그런데 건전한 인격을 갖춘 사람이야말로 현전재성을 지니고 있다고 말할 수 있다. 제대로 인격이 갖추어진 사람과 함께 있으면 왠지 모르게 그 사람의 인격에 이끌려 자기도 모르게 마음이 열리고 진정성 있는 대화를 하게 되는데, 이것이 바로 도산에서 찾아볼 수 있는 현전재성이다. 특별한 행위가 아니라 인격에서 우러나오는 자연스런 향기가 사람을 변화하게 하는 힘을 갖는다는 점에서 도산의 삶은 현전재로 가득했음을 부인하기 어렵다.

여섯째, 신뢰성이다. 현대 상담이나 도산 모두에게서 신뢰성은 굳게 믿고 의지할 수 있는 성품을 뜻한다. 도산은 이 신뢰성을 말로만 나타내는 것이 아니라 행함으로 나타내었다. 도산이 청운의 뜻을 품고 북미에 상륙하였을 때 동포들이 거주하는 집이 불결하고 미화되지 않아 미개인이라는 소리를 들었다. 그때 도산은 한 집 한 집 청소운동을 시작하였는데 사람들은 처음에 의심도 하고 왜 그렇게 해야 하는지 이해하지 못해 거절하였다. 그러나 도산의 행함을 보고 차차 동포들의 마음이 변하여 그를 믿게 되었고 드디어 도산이 하는 말이면 무엇이든 신뢰하게 되었다. 이처럼 행동하는 신뢰성이 있었기에 많은 사람이 도산을 찾았고 그와 함께 자신의 문제를 놓고 대화하기를 원했다.

2. 차이점

  도산 안창호의 진정성에서 발견한 내용과 현대 상담
의 진정성은 많은 부분에서 공통점이 있다는 것을 알
수 있었다. 이것은 도산 안창호의 진정성이 현대 상담
에서 말하는 진정성과 매우 유사하다는 사실을 드러내
는 것이다. 그러나 도산의 진정성에는 현대 상담에서
언급하지 않은 내용들도 포함되어 있다. 도산에게서 발
견되는 진정성의 새로운 내용들에 대해 살펴보자.

  첫째, 자각성이다. 자각성은 어떤 일이 생겼을 때 자
신의 내면을 관찰하여 스스로 반성하고 이를 바탕으로
자신을 개조해 가는 특성을 말한다. 자신의 욕구를 정
확하게 자각하는 일은 진정성 있게 행동을 변화시켜 가
는 출발점으로서 중요한 의미가 있다. 자신이 아끼던
와당을 동지가 달라고 요청하였을 때 처음에 도산은 별
생각 없이 자기 안의 욕구에 따라 와당을 내주지 않았
다. 하지만 곧 자신의 마음속에 있는 또 다른 욕구, 즉 동지를 사랑하는 마음을 자각하고 와당을 소포로 동지에게 보내 주었다. 자기 안에서 일어나는 욕구를 자세히 살핀 후 좀 더 바람직한 욕구를 따라 행동을 바꾼 것이다. 도산은 이 원리를 자기 자신뿐만 아니라 다른 사람들에게도 동일하게 적용하였다. 문답을 통해 스스로 자신의 감정, 생각, 욕구 등을 자각할 수 있도록 사람들을 돕는 삶을 산 것이다. 이처럼 자각성은 진정성의 출발이 된다는 점에서 중요한 의미를 갖는다.

둘째, 수용성이다. 수용성은 생각이든 감정이든 행동이든 상대방이 표현한 그대로 받아들인다는 뜻이다. 도산은 상대방과 대화를 할 때 항상 들을 준비를 갖추고 있었으며, 어떤 조건이나 요구나 견해를 덧붙이지 않고 상대방의 말을 수긍하고 인정하였다. 도산의 수용은 겸손한 마음에서부터 나온다. 남을 자기보다 더 높게 여기고 자기를 낮추고 내려놓음으로써 마음속에 상대방을 있는 그대로 받아들일 수 있는 공간을 만들어 놓은 것이다. 수용성은 자신에게 일어나는 감정이나 생각을 받아들일 때도, 다른 사람과의 관계에서 일어나는 감정이나 생각을 받아들일 때도 유용하다. 일단 어떤 일로 인하여 생기는 감정이나 생각을 거짓 없이 받아들이려면 지금 자신에게 일어나고 있는 감정과 생각을 있는 그대로 받아들일 수 있어야 한다. 또한 상대방으로 인해 생기는 감정과 생각도 마찬가지이다. 이런 점에서 수용성은 진정성의 발현을 위한 선행 조건이라고 말할 수 있다.

셋째, 정의돈수성이다. 정의는 친애와 동정의 결합이다. 친애는 어머니가 아들을 보고 정으로써 사랑하는 것이고, 동정은 아들이 당하는 고락을 자기가 당하는 것처럼 여기는 것이다. 그리고 돈수는 정의를 더 커지게, 더 많아지게, 더 두터워지게 닦아 가는 것이다. 즉, 정의돈수란 서로 사랑하는 정신을 더욱 기른다는 뜻이다. 도산의 모든 생각과 사상의 기반은 정의돈수에 뿌리를 두고 있다. 개인의 인격이 성장하는 일, 그리고 사람들과 인격적 교류를 하는 일이 모두 서로 사랑하는 마음을 키워 가는 데 있다고 보았기 때문이다. 도산은 이 사랑이 교과목을 공부하듯이 공부를 하기만 하면 기를 수 있는 것으로 생각하였다. 사랑하기를 날마다 힘써면 그것이 습관이 되고, 습관이 되면 그 사람의 성품으로 자리를 잡고, 성품은 곧 덕으로 나타나게 된다는 주장이다. 도산이 진정성 있는 삶을 살 수 있었던 동력이 바로 이 사랑에서 나온 것이다. 적조차도 미워하지 않고, 모든 사람의 내면에 숨 쉬고 있는 사랑에 대한 끝없는 신념이 그로 하여금 진정성이 가득한 삶을 살아갈 수 있게 했던 것이다. 이처럼 진정성을 활성화하는 동력으로서 정의돈수 역시 중요한 의미가 있다.

넷째, 방향성이다. 방향성은 삶의 좌표 내지는 지향이라고 말할 수 있다. 도산이 설정한 방향성은 자아를 실현하며 바람직한 인격으로 성장하는 일, 그리고 조국의 독립에 기여하는 일에 맞춰져 있었다. 내면적으로 진실하고 참된 인격을 함양하고 외부적으로 조국의 독립에 헌신하는 것을 삶의 기본 방향으로 설정한 것이다. 도산은 이 삶의 방향이 뚜렷했기 때문에 쉽게 좌절하거나 흔들리지 않고 진정성 있는 삶을 지속할 수 있었다. 사람들은 도산의 이 흔들리지 않는 진정성의 내용을 신뢰하였기 때문에 그를 존경하며 그와 뜻을 같이 했던 것이다.

다섯째, 용감성이다. 용감성이란 내면의 소리를 듣고 자신의 감정, 욕구, 생각을 용감하게 표현하는 것이다. 자신의 내면에서 삶의 방향성과 일치되는 소리가 들리면 지체하지 않고 용감하게 이를 표현할 수 있어야 한다는 것이다. 흔히 진정성 있는 삶을 살아가고자 해도 이러저러한 이유로 거짓된 말과 행동을 하게 된다. 사회적인 상황이나 맥락이 자신의 내면에서 우러나는 감정, 욕구, 생각을 무시하게 하는 한편, 타인의 요구와 바람에 순응하게 만든다. 이렇게 살다 보면 진정성은 점점 사라져 마침내 설 자리를 잃고 만다. 이때 필요한 것이 용감성이다. 이미 설정한 삶의 방향과 일치하는 소리가 내면에서 들려올 때 망설이지 않고 용감하게 이를 드러냄으로써 자기를 지키고 앞으로 나아가게 해야 한다. 이런 점에서 용감성은 진정성 있는 삶을 살 수 있게 하는 추진체라고 말할 수도 있다. 용감하게 나아가려면 자기가 설정한 삶의 방향에 대한 강한 신념이 있어야 함은 말할 필요도 없다.

〈표 7-1〉 도산의 진정성과 현대 상담의 진정성 비교

공통점	차이점
일치성	자각성
순수성	수용성
무실성(진솔성)	정의돈수성
성실성	방향성
현전재성	용감성
신뢰성	

3. 시사점

도산에서 발견한 진정성의 요소를 추출하여 현대 상담에서 진정성의 공통점과 차이점을 고찰해 보았다. 이것을 통해 도산의 진정성이 오늘날 현대 상담에 주는 시사점을 몇 가지 생각해 볼 수 있다.

첫째, 도산의 진정성 요소는 개인별 특성과 관계 구

성개념의 조합으로 볼 수 있다. 현대 상담에서 진정성이 참자기를 나타내는 안정적인 내적 구조와 같은 개인차 변인으로 볼 것인지, 특정한 타인과의 관계에서 자기에 대한 독특한 경험을 뜻하는 관계 구성개념으로 볼 것인지 아니면 이 둘의 조합으로 볼 것인지에 대한 의견이 분분하다. 도산의 진정성 요소는 개인이 갖춰야할 내면적인 측면도 있었고, 대인 관계적 측면도 있다는 점에서 양면적이라고 말할 수 있다.

[그림 7-1] 도산의 진정성 요소의 특성

[그림 7-1]에서 나타난 도산의 진정성 요소의 특성을 살펴보자. 먼저 개인의 심리 안에 들어 있는 진정성의

특성은 자각성, 일치성, 방향성, 용감성, 현전재성이다. 이러한 진정성 요소들은 개인의 심리 안에서 진정성의 기초를 세우는 내용이라고 할 수 있다.

이를 토대로 대인관계에서 필요한 진정성 요소는 순수성, 무실성, 신뢰성, 정의돈수성이다. 대인관계에서 상대방에게 정직하고 사랑을 실천하며 순수한 마음으로 교제하며 신뢰를 쌓아 가는 것이다.

개인별 특성과 대인관계 특성의 중간에 있는 진정성의 요소는 성실성, 수용성이다. 이는 개인에게도 필요한 진정성의 요소일 뿐만 아니라 대인관계에서도 나타나야 할 진정성 요소이다. 도산의 성실성은 자기 자신, 사물, 사람, 나라 그 대상을 불문하고 자신이 접하는 모든 것에 대해서 나타나고 있다. 수용성 또한 자기 자신의 감정을 수용하는 일과 대인관계에서 다른 사람의 감정을 수용하는 일 모두를 포괄한다. 도산의 진정성은 개인이 내면에 갖추어진 진정성 요소들을 바탕으로 대인관계를 할 때 행동으로 드러내야 할 요소들을 전체로 아우른다는 점에서 독특한 특징이 있다.

둘째, 진정성의 요소들은 서로 유기적으로 연결되어 있다. 요소들이 서로 긴밀하게 연결되어 영향을 미치고 있어서 어느 하나가 빠져서는 안 된다. 마치 사람의 신체가 서로 연결되어 각 지체가 서로 영향을 주고받는 것과 유사하다. 그리고 진정성의 요소들은 최종적으로 현전재성을 향하고 있다는 점도 주목할 만하다. 아래 〈표 7-2〉를 살펴보면 관계들을 일목요연하게 알 수 있다.

〈표 7-2〉 도산의 진정성 요소 간의 관계

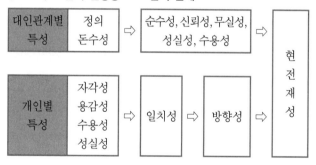

먼저, 개인 내면에서 유기체적으로 연결되어 작동하는 진정성의 요소들을 살펴보자. 자각성은 자기 스스로를 살피어 보고 외부적으로 일어나는 일에 대하여 자신

의 내면을 관찰하여 스스로 반성하고 바람직한 방향으로 나아갈 수 있도록 생각하며 느끼는 것이다. 자각성이 선행되어야 일치성이 나타날 수 있다. 일치성은 자신에게 경험된 감정을 자각하고 그것을 있는 그대로 표현하는 것이다. 있는 그대로를 표현하기 위해서는 용감성이 필요하다. 용감성이란 내면의 소리를 듣고 자신의 감정, 욕구, 생각을 용감하게 표현하는 것이다. 자신의 내면을 자각하고 있는 그대로를 용감하게 표현하기 위해서는 방향성이 있어야 한다. 진정성 있는 삶은 자아를 실현하고 자기 자신이 성장할 수 있는 방향으로 표현되는 것을 말한다. 일치성을 표현하기 위해서는 수용성, 성실성이 동반되어야 한다. 자신에게 일어나는 감정을 그대로 수용하며, 자신의 감정에 정성을 다하고 진실해야 정확하게 일치된 표현을 할 수 있기 때문이다.

이렇게 내면 요소를 기반으로 하여 대인관계에서도 진정성 요소들이 긴밀하게 연결되어 있다. 정의돈수성이 있어야 순수성, 신뢰성, 무실성, 성실성, 수용성이 나타날 수 있으며, 성실성과 수용성이 개인의 내면과 대인관계 사이에서 자신의 역할을 잘해 주어야 현전재성에 도달할 수 있다. 이렇게 할 때 지금 이 순간 내가 진정한 나 자신으로 살아가는 것이 비로소 가능하다.

셋째, 도산의 진정성은 사람들과 만날 때 동체적 만남을 가질 수 있게 돕는 역할을 한다. 인간관계의 필요충분조건의 하나로 언급되는 진정성은 항상 만남을 통해서 이루어진다. 만남은 도구적 만남, 인격적 만남, 생성적 만남, 동체적 만남, 네 가지로 나눌 수 있다. 도구적 만남은 상대방을 하나의 도구나 수단으로 대하는 만남이다. 인격적 만남은 도구적 만남보다 진일보한 만남으로 '나'가 만나는 상대는 나와 동일한 인격을 갖춘 존재로 인정되고 존중된다. 생성적 만남은 인격적 만남에서 한 걸음 더 나아간다. 만나는 상대방을 인격적으로 존중할 뿐 아니라 상대방과 더불어 새로운 차원의 공동체를 만들어 가는 것이다. 동체적 만남은 처음부터 하나에서 출발함으로써 이분법을 넘어서 나와 너가 아니라 우리('큰 나')라는 하나의 몸(동체)이 전제되고 그 안에서 만남과 관계가 이루어지는 것이다. 동체적 만남의 기초는 '나'가 '너'를 대하듯 '너'를 대하는 데에 있다. 나의 행동을 받아들이듯 너의 행동 역시 나의 것으로 받아들이는 만남, 이것이 동체적 만남이다.

도산처럼 진정성의 요소들이 연결되어 현전재성으로 진정성이 나타난다면 동체적 만남이 이루어질 수 있다. 실제로 도산은 일본인 순사, 자신을 비방하는 자, 나라를 버리고 일본인 밑에 일하는 배신자들의 행동까지도 자신의 행동으로 받아들였다. 그들의 행동을 인정하고 내가 너를 대하듯이 받아들임으로써 그들은 힘들고 어려울 때에도 도산을 찾아와 만남을 청하였다. 또한 도산은 그들이 그러한 행동을 할 수밖에 없었던 것을 자신의 책임으로 보고 그 책임을 다하고자 하였다. 그들의 잘못을 도산 자신의 잘못으로 받아들였기 때문이다. 이렇게 진정성 있는 사람은 사람들과의 만남에서 나와 너가 분리된 것이 아니라 나와 너가 하나가 되어 함께 기쁨과 고통을 느끼는 동체적 만남을 이미 누리고 있는 셈이다. 이런 점에서 현대 상담에서 상담자 역시 청담자와의 만남을 기술적·방법적으로 끌어가려는 태도에서 벗어나야 할 것이다. 상담자가 진정성을 바탕으로 청담자와 동체적 만남을 가질 때 상담자와 청담자는 문제를 해결하는 차원을 벗어난 인격적 변화를 이룰 수 있을 것이다. 상담하는 매 순간 상담자와 청담자가 하나되어 둘의 생각, 느낌, 행동 및 표현하려는 바가 일치될 때 막히지 않는 소통이 일어나고 진정한 인격 변화가 가능할 것이다.

넷째, 도산에게 나타난 진정성의 가장 근원이 되는 것은 정의돈수성, 즉 상대방에 대한 사랑이다. 도산은 사랑이 인생이 지향해야 할 최고의 진리일 뿐 아니라 사랑하는 마음은 훈련을 통해 기를 수 있다고 보았다. 사랑하기를 날마다 힘쓰면 그것이 습관이 되고 습관이 그 사람의 성이 되면, 그것이 덕이 된다는 것이다. 도산은 자기 자신, 가족, 동지, 나라를 항상 사랑하는 마음으로 품었다. 이러한 사랑이 근원이 되어야 진정성의 다른 요소들도 제 역할을 다할 수 있다. 도산에게서 발견한 정의돈수성, 즉 사랑은 진정성의 측면에서 결코 빼놓을 수 없다는 점을 현대 상담 역시 주목할 필요가 있다. 요리를 할 때 소금은 간을 맞추는 가장 기본적인 재료이기 때문에 간과하기 쉽다. 하지만 요리에서 소금이 없다면 다른 맛있는 재료들이 함께 어울려 좋은 맛을 내기 어렵다. 진정성도 마찬가지이다. 진정성에 여러 가지 중요한 요소들이 들어 있지만 사랑 요소는 너무 당연해서 그냥 흘려버린 듯한 생각이 든다. 이런 점에서 도산의 정의돈수는 현대 상담에서 말하는 진정성에 가장 기본적이고 중요한 요소로 추가되어야 할 것이다.

8

맺음말

우리의 삶을 한마디로 요약한다면 '관계의 연속이며 만남의 연속'이다. 그러나 우리가 만나는 모든 만남이 진실하지는 않다. 때로는 의미 없는 말을 주고받는 가벼운 만남도 있고, 때로는 속 다르고 겉 다른 만남도 있고, 때로는 아예 가면을 쓴 허위적 만남도 있다. 그러나 만남이 서로의 삶에 의미 있는 사건이 되려면 진정성이 전제되어야 한다. 바람직한 관계의 형성과 유지의 비결이 진정성에 담겨 있기 때문이다. 이 연구는 도산의 삶과 사상을 살피면서 진정성의 특성을 찾고, 이를 현대 상담과 연관 지으려고 하였다.

도산의 진정성은 자각성, 일치성, 무실성, 성실성, 수용성, 정의돈수성, 순수성, 방향성, 용감성, 신뢰성, 현전재성 등으로 구성되는데, 이들은 유기적으로 연결되어 상호작용하는 것으로 파악된다. 자각성은 어떤 사건이 일어날 때 자신의 내면을 관찰하여 스스로 반성함으로써 바람직한 방향으로 행동을 변화시켜 나아가는 특성을 뜻한다. 무실성은 생각과 말에 거짓이 없고 참되게 살아가는 것을 말하는데, 정성스러운 성실성과 진실된 품성을 포함한다. 수용성은 생각, 감정, 행동을 막론하고 표현한 모든 것을 그대로 받아들이는 것이다. 정의돈수성은 서로 사랑하는 정신을 더욱 기른다는 뜻이다. 순수성은 사람들을 만날 때 아무런 사심 없이 순수하게 대하는 것이다. 방향성은 자아를 실현하며 바람직한 인격으로 성장하려는 확고한 방향을 갖는 것이다. 용감성이란 내면의 소리에 따라 자신의 감정, 욕구, 생각을 용감하게 표현하는 것이다. 신뢰성이란 굳게 믿고 의지할 수 있는 성품을 말하는 것인데, 도산은 특히 행동으로 표출되는 신뢰성을 강조하였다. 현전재성은 건전한 인격을 갖춘 사람으로부터 자연스럽게 흘러나오는 향기 같은 것으로서 지금-여기에 전체로 함께 존재한다는 뜻이다.

도산의 진정성 요소를 현대 상담과 비교한 결과 일치성, 순수성, 무실성(진솔성), 성실성, 현전재성, 신뢰성이 공통점으로 발견되었다. 그 밖에 자각성, 수용성, 정의돈수성, 방향성, 용감성 등은 도산에게서 새롭게 발견된 특성들이다.

도산의 진정성 요소는 개인별 특성과 관계 구성개념의 조합으로 볼 수 있다. 개인이 갖추어야 할 것은 자각성, 일치성, 방향성, 용감성, 현전재성이며 대인과의 관계에서 드러나야 할 것은 순수성, 무실성, 신뢰성, 정의돈수성이다. 개인별 특성과 대인관계의 특성 모두와 관련을 가지며 진정성을 이끌어 가는 요소로는 성실성, 수용성을 들 수 있다.

진정성의 요소들은 서로 유기적으로 연결되어 있다. 앞에서 언급한 요소들끼리 서로 긴밀하게 연결되어 영향을 주고받으면서 최종적으로 현전재성으로 완성되는 것으로 파악된다. 개인 내면에서 자각성은 일치성에 영향을 주고, 일치성을 표현하기 위해 용감성, 수용성, 성실성이 동반되어야 하는데, 용감성은 방향성을 따라 표현되어야 한다. 대인관계에서는 정의돈수성을 바탕으로 순수성, 신뢰성, 무실성, 성실성, 수용성이 함께 작용한다. 성실성과 수용성은 개인의 내면과 대인관계 사이에서 자신의 역할을 잘해 줌으로써 현전재성을 충실하게 완성할 수 있다.

도산의 진정성은 상대방과 동체적 만남을 가능하게 한다. 도산이 삶의 방향으로 설정하고 있는 건전한 인격은 동체적 만남의 실체화라고 말할 수 있다. 실제로 도산은 자신을 핍박하는 일본인 순사, 자신을 비방하는 자, 나라를 버리고 일본인 밑에서 일하는 배신자들의 행동까지도 자신의 행동으로 받아들였다. 나와 너가 분리된 것이 아니라 나와 너가 하나가 되어 그들의 잘못을 곧 자신의 잘못이라고 받아들인 것이다. 상담자와 청담자의 만남을 기술적·방법적으로 제한하려고 하는 현대 상담에 주는 시사점이 매우 큰 부분이다. 상담자가 진정성을 가지고 청담자와 동체적 만남을 가질 수 있다면 상담 관계에서 상담자와 청담자는 막힘없는 소통으로 서로를 깊이 이해할 수 있을 것이며, 이것이 가져오는 상호 성장 효과는 매우 클 것으로 예상된다. 도산에게 나타난 진정성의 가장 근원이 되는 것은 정의돈수성, 즉 상대방에 대한 사랑이다. 도산은 사랑하기를 날마다 힘쓰며 그것이 습관이 되고 습관이 그 사람의 성이 되면 그것이 덕이 된다고 하였다. 현대 상담의 진정성 요소에는 포함되지 않았지만, 도산에게서 발견한 정의돈수성은 진정성의 측면에서 볼 때 절대 간과할 수 없는 중요한 요소이다.

도산의 사상과 삶을 진정성의 측면에서 살펴본 결과 의미 있는 진정성의 요소들을 발견할 수 있었다. 지금까지 국내 상담학계에서 진정성 요소들을 바라보고 분석하는 작업은 별로 없었다. 이제는 상담학적인 면에서 진정성의 요소들을 바라보는 작업이 필요하고, 특히 도산과 같은 위인들을 토대로 그들이 살아간 삶의 흔적들을 살펴봄으로써 그들의 내면과 대인관계적인 측면에서 발현된 진정성이 무엇인가에 대해 구체적으로 연구하는 것이 필요하다. 이러한 연구들을 바탕으로 진정성 있는 삶의 정체를 보다 명확하게 드러냄으로써 상담 관계에서 진정성을 보다 적극적이고 구체적으로 활용할 수 있을 것이다. 또한 상담자는 상담학적인 방법이나 기술을 배우기에만 몰두하지 않고, 상담자가 가져야할 태도인 진정성을 갖추고 활용함으로써 청담자 스스로 자기 문제를 해결하고 인격을 완성할 수 있는 역량을 키우는 데 도움을 줄 수 있을 것이다.

진정성은 멀리 있지 않고 우리의 삶이 시작될 때부터 우리와 함께한다. 동서양을 막론하고 사람과의 관계맺음이 있는 곳에는 항상 진정성이 작용하고 있으므로 우리는 그것을 풍성하게 누릴 수 있는 원리와 방법을 깊이 있게 탐구해야 할 것이다.

| 참고문헌 |

구자철(2001). 도산 안창호 사상이 현대에 주는 의미. 인천대
  학교 교육대학원 석사학위논문.
구진순(2010). 자각 중심 문학치료 프로그램이 저소득층
  청소년의 불안과 공격성 감소에 미치는 효과. 경북대학교
  대학원 석사학위논문.
김미경(2002). 로저스의 인간중심 상담에서 진실성의 의미.
  연세대학교 석사학위논문.
김삼웅(2013). 투사와 신사 안창호 평전. 서울: 현암사.
김예실, 이희경(2010). 진정성에 대한 고찰. 인간이해, 31(2),
  1-21.
김종수(2006). 도산 안창호의 교육사상이 현대교육에 미치는
  의미. 강원대학교 교육대학원 석사학위논문.
도산사상연구회(1995). 도산 안창호의 사상과 민족운동. 서울:
  학문사
도산아카데미(2007). 한국 사회의 발전과 도산 안창호. 서울: 홍
  사단 출판부.
도산아카데미연구원(2004). 도산 안창호의 리더십. 서울:

홍사단 출판부.

류미경(1990). 도산 안창호의 교육사상 연구. 경희대학교 교육대학원 석사학위논문.

박성희, 양명숙, 김동일, 김명권, 김성회, 김춘경, 김형태, 문일경, 박경애, 박재황, 박종수, 이영이, 전지경, 제석봉, 천성문, 한재희, 홍종관(2014). 상담이론과 실제. 서울: 학지사.

박성희(2011). 진정성. 서울: 이너북스.

박성희(2012). 인간관계의 필요·충분조건들간의 관계. 초등상담연구, 11(3), 407-426.

박성희(2014). 상담과 만남의 네 차원-Buber와 Rogers를 중심으로. 초등상담연구, 13(4), 185-201.

서상목, 안문혜(2010). 도산 안창호의 애기애타 리더십. 경기: 북코리아.

손동유(2004). 안창호의 정치활동 연구. 홍익대학교대학원 박사학위논문.

손인숙(2003). 로저스의 인간중심 상담에 한 관한 연구. 상명대학교 정치경영대학원 석사학위논문.

안병욱, 안창호, 김구, 이광수 외(2004). 안창호 평전. 서울: 청포도.

안창호(1994). 나의 사랑하는 젊은이에게. 서울: 지성문화사.

이광수(1997). 도산 안창호. 서울: 범우사.

임중빈(1998). 도산 안창호. 서울: 명지사.

장리욱(2014). 도산의 인격과 생애. 서울: 홍사단 출판부.

장리욱, 주요한(1987). 나의 사랑 한반도야. 서울: 홍사단 출판부.

장정주(2005). 감정자각 및 표현 훈련 집단과 유사집단의 감정 자각 점수의 차이 연구. 한국동서정신과학회지, 8(2), 81-95.

최창범(2003). 도산 안창호의 교육사상과 현대적 의미 고찰. 제주대학교 교육대학원 석사학위논문.

홍정순(2015). 진정성 척도개발 및 상담자의 진정성과 작업 동맹 간의 관계 모형 검증. 가톨릭대학교 박사학위논문.

홍사단 출판부(1985). 도산 안창호. 서울: 홍사단 출판부.

도산 안창호 온라인 기념관(2015). www.ahnchangho.or.kr

두산백과(2010). www.doopedia.co.kr

저자 소개

곽경용

청주교육대학교 초등교육 전공
청주교육대학교 교육대학원 교육학석사(초등상담교육 전공)
현) 남일초등학교 교사

[논문]
안창호의 진정성(2016)

박성희

1957년 서울 출생
서울대학교 사범대학 교육학과 졸업
서울대학교 대학원 교육학과 교육상담학 박사
한국행동과학연구소 상담실 책임연구원
미국 위스콘신 대학교 상담학과 객원교수
캐나다 브리티시 컬럼비아 대학교 상담학과(ECPS) 객원교수
한국상담학회 수련감독사
현) 청주교육대학교 초등교육학과 교수

[저서와 역서]
원효의 한마음과 무애상담(학지사, 2016)
나의 '지금'에게 길을 묻다(학지사, 2016)
담임이 이끌어 가는 학급상담(학지사, 2006)
한국형 초등학교 생활지도와 상담(공저, 학지사, 2006)
꾸중을 꾸중답게, 칭찬을 칭찬답게(학지사, 2005)
초등학교 현장 상담대화기법 동영상 CD 프로그램(학지사, 2005)
공감학: 어제와 오늘(학지사, 2004)
상담학 연구방법론: 사회과학 연구방법의 새로운 지평(학지사, 2004)
상담의 도구(대한민국학술원선정 우수도서, 공저, 학지사, 2002)
동화로 열어가는 상담이야기(학지사, 2001)
상담의 새로운 패러다임(대한민국학술원선정 우수도서, 학지사, 2001)
상담의 실제(대한민국학술원선정 우수도서, 공저, 학지사, 2001)
새내기 상담가를 위한 상담과 심리치료(공저, 교육과학사, 2000)
공감과 친사회행동(문음사, 1997)
사람들의 행동을 변화시키는 특이한 방법들(역, 양서원, 1995)

[수상]
대한민국학술원선정 우수도서(2003)
제12회 한국교육학회 학술상 수상(2006)
제14회 삼천리자전거배 전국산악자전거대회 초급 마스타부 우승
제2회 봉화춘양목송이배 전국산악자전거대회 초급 마스타부 우승

동양상담학 시리즈 18

도산 안창호와 진정성

2017년 12월 20일 1판 1쇄 인쇄
2017년 12월 25일 1판 1쇄 발행

지은이 • 곽경용 · 박성희
펴낸이 • 김진환
펴낸곳 • (주) **학지사**

　　　　　04031 서울특별시 마포구 양화로 15길 20 마인드월드빌딩
대표전화 • 02)330-5114　　　팩스 • 02)324-2345
등록번호 • 제313-2006-000265호

홈페이지 • http://www.hakjisa.co.kr
페이스북 • https://www.facebook.com/hakjisabook

ISBN 978-89-997-1472-6 94180
　　　978-89-997-1470-2(set)

정가 12,000원

이 도서의 국립중앙도서관 출판시도서목록(CIP)은 서지정보유통지
원시스템 홈페이지(http://seoji.nl.go.kr)와 국가자료공동목록시스템
(http://www.nl.go.kr/kolisnet)에서 이용하실 수 있습니다.
(CIP 제어번호: CIP2017034464)

교육문화출판미디어그룹 학지사

심리검사연구소 **인싸이트** www.inpsyt.co.kr
원격교육연수원 **카운피아** www.counpia.com
학술논문서비스 **뉴논문** www.newnonmun.com
간호보건의학출판 **정담미디어** www.jdmpub.com